隐私权

The Right to Privacy

〔美〕路易斯·D.布兰代斯 等/著

宦盛奎/译

北京大学出版社
PEKING UNIVERSITY PRESS

目　　录

隐私权 /1

附一:布兰代斯大法官在 *Olmstead v. United States* 案的

反对意见 /67

附二:重新发现布兰代斯的隐私权 /99

隐 私 权*

塞缪尔·D. 沃伦(Samuel D. Warren)

路易斯·D. 布兰代斯(Louis D. Brandeis)

---

* 本文最初发表于1890年12月15日出版的《哈佛法律评论》。参见"The Right to Privacy", *Harvard Law Review*, Vol. 4, No. 5 (Dec. 15, 1890), pp. 193-220.

当适用于新的主题,在没有先例的情况之下创制普通法时,只有基于私性正义、合乎道德以及公众便利等原则方可为之。习惯上的接受和认可尤其重要。

——Willes, J., in *Millar v. Taylor*, 4 Burr. 2303, 2312

个人的人身与财产应当受到充分保护,这一原则与普通法同样古老;然而人们发现这一保护的确切性质与范围需要不时重新予以界定。政治、社会及经济的变化不断要求承认新的权利而普通法在其永恒的青春当中不断成长,以满足社会的需要。因而,法律在很久以前仅对生命与财产的实际妨碍、暴力侵占(trespasses *vi et armis*)提供救济。当时,所谓"生存权",仅仅是用来保护臣民免遭各类形式的暴行(battery);自由权意味着免于实际的限制;财产权保障的是个人的土地和牲口。后来,人们的精神世界、感情及心智得到了承认。这些法律权利的范围逐渐扩大,如今,生存权开始意味着享受生活的权利——不受打扰的权利;自由权保障大量的民事权利得以实践;"财产权"这一术语发展到包括任何形式的财产——不仅包括有形财产,还包括无形财产。

因而,随着感受的法律价值得到确认,对实际人身伤害的防护得到拓展,仅仅是企图进行此种伤害就足以受到禁止,亦即禁止将他人置于遭受此种伤害的恐惧之中。从暴行之诉衍生出恐吓(assault)之诉。[1]许久以后,使个人免遭噪音、臭气、尘土、烟雾及剧振侵害的有条件保护开始产生。妨害法(law of nuisance)得到了发展。[2]于是,出于对人类情感的考虑,个人受保护的范围迅速得以扩展,超越出人身之外。考虑到一个人的声望、他在同胞当中的地位,诽谤法因而产生。[3]个人的家庭关系成为法律概念意义上"生存"的一部分,妻子被疏远的情感被认为是可以获得救济的。[4]法律偶尔会裹足不前——例如它拒绝承认使家庭蒙受不誉之名的诱奸是一种侵权行为。即使如此,社会需求还是得到了满足。通过诉诸请求赔偿服务损失之诉(action *per quod servitium amisit*)这样一种折中的法律拟制(mean ficiton),准许对父母的情感给予损害赔偿,通常而言也就提供了充分的救济。[5]与生存权的扩展相类似,财产权这一法律概念也在成长。在有形财产之上产生了无形财产权利的争讼,从而为精神产品或思维过程中的无形财产权利开启了广阔的天地[6],诸如文艺作品[7]、信誉[8]、商业机密以及商标。[9]

法律的这种成长是不可避免的。文明的进展带来了紧张的智力生活与情感生活、敏锐的感受能力,这让人们清楚认识到生活中只有小部分的苦痛、愉悦和受益来自于物质世界。思想、情感及感受需要得到法律的承认,而且普通法完美的生长能力使得在立法无须介入的情况下,法官就能够提供必要的保护。

新近的发明以及商业手段引起了人们的注意:必需采取进一步的措施保障人格权,保障个人被库利(Cooley)法官所称的"不受打扰"的权利。[10]立拍即现的照相技术和报刊已经侵入了私人和家庭的神圣领域,不计其数的机器装置使人们可以准确做出预言,"密室私语在屋顶上被公开宣告"。多年以来,人们意识到法律应当为未经授权的私人肖像流通提供一定的救济[11];报纸侵犯隐私的恶劣行径,长期以来为人们切身感受,只是在最近才由一名出色的作家进行了探讨。[12]几个月前,一起有些臭名远扬的案件被提交至纽约州的下级法院,[13]其指控的事实直接关涉到肖像的流通问题;我们的法律是否会在方方面面承认并保护隐私权,这一定会迅速成为法庭将要考虑的问题。

人们相信若干这类保护的可取性——事实上是必要性——是不容置疑的。新闻报刊超出了礼义廉耻可以容忍的限度。传播流言蜚语不再是闲散无聊人士的消遣,而成为一种行业,被人们孜孜不倦又厚颜无耻地从事着。为了满足好色之徒的口味,与性有关的细节描写在各种日报版面上广为传播。为了让无所事事者心满意足,报纸连篇累牍地充斥着只有侵入家庭隐私才能获取的流言蜚语。文明的前行使人们的生活日渐紧张且复杂,适时地远离世事纷扰,极有必要。随着文化修养的提高,人们也对公共场合更为敏感,独处与隐私之于人更是必不可少。但如今的新闻报刊和各类发明,侵害个人隐私,使人遭受精神上的痛苦与困扰,较之纯粹身体上的伤害,有过之而无不及。损害的发生,并不局限于那些成为新闻业或其他行业的话题而遭受痛苦的这类侵犯之上。在这一点上,正如在其他商业部门一样,供给创造着需求。每一批有失体面的流言,收获之后就成为更多流言滋生的种子,并且与其流传的范围成正比,这导致了社会标准和道德准则的下降。即使表面看来无害的流言,广泛持续传播也会成为强大的邪恶力量。它既让人舍本逐末,又令人堕落。它通过颠倒事务的相对重要性使得本末倒置,从而矮化贬损一个民族的思想及抱负。当流言蜚语受到报章青睐,占据可用于报道对社区具有真正意义的事务的版面时,无知轻率的人会轻重不分又有什么好奇怪呢。不难理解,人性中软弱的那一面从来不会使我们对邻居的不幸与脆弱真正感到气馁沮丧,基于此,没有人会惊奇流言蜚语占据了头脑的兴趣空间,而这里本可能容纳其他事务的。浅薄琐事能够立刻破坏思想的稳健和情感的细腻。在其毁灭性的影响力之下,不会有激情能够蓬勃发展,不会有慷慨的冲动能得以幸存。

我们的目标是考查既定法律是否提供了适于援引用来保障隐私权的规范,如果有的话,这一保障的性质和范围为何?

由于侵犯隐私权手段的性质,它所造成的损害与诽谤法处理的不法行为之间有着表面的相似性,作为一种独立的诉由,这类损害的法律救济似乎都涉及受伤情感的处理。然而,诽谤法原则的成立基础和涵盖范围,与我们现在需要关注的问题截然不同。诽谤法仅仅处理对名誉的伤害,通过降低他在同伴中受到的尊重,个人受到的损害存在于他与社区之间的外在关系。将一个人的事务公开,不论流传多广,还是多么不宜公之于众,为了能够提起诉讼,必须具有伤害其与他人间交往的直接意图。诽谤即使是以文字或印刷品的形式出现,也必须致使其遭受同伴的怨恨、奚落或鄙视——公开是否影响到一个人的自我评价以及自我感受,并不能成为诉讼理由的要素。简而言之,诽谤法所确认的不法行为及相关权利是物质属性的,而非精神属性。这一法律分支仅仅把对有形财产的保护,扩展至确保世间繁荣所必需或有益的条件。相反,如果只是情感受到伤害,我们的法律不会承认任何给予赔偿的原则。一个行为不论对另一人造成了多么痛苦的精神影响,尽管纯粹出于鲁莽(wanton),甚至是恶意(malicious),但如果这一行为本身却是合法的,那所遭受的痛苦便是不能依法获得补救的损害(damnum absque injuria)。当确定法定伤害的损失赔偿数额时,感情伤害也许的确会被纳入考量。[14]但与罗马法不同,仅仅由于无礼及侮辱而造成的精神痛苦,我们的制度甚至不会为其提供救济,也不会为有意或无正当理由侵犯另一个人"荣誉"而遭受的精神痛苦提供救济。[15]

虽然看起来有必要,但也不必为了支撑"普通法承认并支持运用于侵犯隐私权案件的原则"这一观点,而将隐私权与仅具有表面相似性的因名声受攻击(attack upon reputation)所遭受的损害相类比,或与罗马法学家所称的因侵犯荣誉(a violation of honor)所遭受的伤害相类比。与侵犯普通法所称的知识产权与艺术财产权相关的法律理论,只是一般隐私权的个案与应用,而这种一般隐私权才能恰当理解为是对我们所讨论的弊病提供了救济。

一般而言,普通法保障个人决定在何种程度上与其他人交流思想、情绪以及感情的权利。[16]在我们的政府体制之下,一个人绝不会被强迫着进行此类表达(例外的情形是当他处于证人席上时);即使选择了表达,他也通常保留着确定公开限度的权利。这一权利的存在并不取决于表达所采取的特定形式。不论表达形式是言语[17]、符号[18]、绘画[19]、雕塑或是音乐都无关紧要。[20]这一权利的存在也不取决于思想或情感的性质与价值，或表达手段有多么杰出。[21]一封寻常信件或一篇日记记录，与最有价值的诗篇或散文；拙劣的拼凑或涂鸦乱抹与名著杰作，它们所获得的保护别无二致。在前述的每一种情况之下，个人有权决定是否将属于自己的东西公之于众。[22]在未经本人同意的情况下，其他任何人都无权以任何形式公开发行他的作品。这一权利完全独立于思想、情绪及感情的载体或形式。它可以独立存在于任何有形实体之外，例如所说的话、所唱的歌、演出的戏剧。或者，如果通过任何实物进行表达，例如写作的诗，作者可以与纸张相分离而不会丧失对作品本身的所有权。只有当作者自己与公众交流其作品时，这一权利才会丧失，换句话说，即出版。[23]这一权利完全独立于版权法以及版权法在艺术领域的延伸。版权法等制定法的目的是保障作者、作曲者或艺术家能够获取出版的全部收益。然而普通法的保护则让他能够绝对控制出版行为，并且运用自己判断决定究竟是否出版。[24]除非已经出版发行，否则制定法上的权利毫无价值；而一旦出版，普通法上的权利就即刻消失。

阻止手稿或艺术作品发表的权利，它的性质与基础是什么？有人称这是为了实施财产权利[25]；如果仅是处理文学艺术作品的复制问题，授受这一观点便不会产生什么难题。它们的确拥有一般财产所具有的许多特征：可以流通，拥有价值，公开发表或复制是体现其价值的一种运用方式。但是，当作品的价值不再是通过发表获取利润的权利，而是从根本上阻止任何公开发行的功能所带来的心灵宁静或释然，就财产权这一术语通常接受的意义上，认定该权利属于一种财产权就产生了困难。一个人在写给儿子的信件中，或在自己的日记里记载了他在某一天没有同妻子一起用餐。不管这些纸张落在谁的手中,他都不能将其公之于世,即使这些记录是通过合法途径获得的。这一禁止并不局限于公开发行该信件或日记的副本,而且还延伸至限制公开其内容。被保护的东西究竟为何?想必不是记载丈夫没同妻子用餐这一事实所体现的智力行为,而是这一事实本身。它不是智力成果,而是家庭琐事。一个人给不同的人写了一打信,没有人有权出版所写信件的清单。如果把信件或日记的内容当做文学作品那样保护,那么这种保护的范围应该与版权法对出版物的保护范围一样。但是版权法并不禁止对信件的列举,或者禁止公开其中包含的部分事实。系列绘画或蚀刻版画的版权可以阻止将作品复制成图片,但它不禁止公开一份清单,甚至是对这些作品的描述。[26] 在著名的 *Prince Albert v. Strange* 案中,法院判定普通法的规则不仅禁止复制这些由原告和维多利亚皇后为了自娱自乐而制作的蚀刻版画,而且禁止"即使没有复印或模仿(resemblance),但却对这些画进行描述性的公开发行(至少是印刷或书写),不论描述具有或多或少的限定或概括,不论是以目录或者其他形式呈现。"[27]类似地,未曾公开发行的新闻汇集,虽不具备任何文学性的元素,但仍受隐私权的保护。[28]

这种保护的基础并不是任何严格意义上的文学或艺术作品的产权。当受保护的标的物连智力资产的形式都没有,仅具有普通有形财产属性的时候,情况就更加明显了。假设某人拥有视为私藏的宝石或古董,很难声称有任何人可以公布这些藏品的目录,但从法律意义上而言,列举的目录当然并不比一批火炉或椅子更能够称得上是智力资产。[29]

有一种观念认为狭义上的财产权是保护未发表手稿的基础,在数起案件中,这一信条致使有权法院拒绝发布禁止令阻止对私人信件的公开发行,基于的理由是"不具备文学作品属性的信件,不能称得上是有资格受到保护的财产",以及"显然原告不能认为信件像文学作品那样有着什么价值。因为那些作者决不会赞成将其公开的信件,不能认定是对他有价值的"。[30]但是这些判决并没有受到遵循[31],并且,现在可以稳妥地认定,对于任何作品的作者而言,普通法所提供的保护完全独立于作品在金钱上的价值、作品内在的优异之处,或具有发表同样内容的任何意图;当然,如果思想或情感的表达拥有任何载体,该保护也完全独立于这一载体,或独立于蕴含其中的风格。

尽管法院宣称他们所作判决的理由是狭义的保护财产权,但仍然存在一些对更宽泛原则(liberal doctrine)的承认。由此,在已经提及的 *Albert v. Strange* 案,在上诉审中,副大法官和首席法官或多或少都清晰界定了对一种原则的认识,它比曾重点讨论过的那些原则更为广泛,而且两名法官都将他们主要的依据建立在这一原则上。副首席法官 Knight Bruce 谈到了公布某人"就特定主题写给特定人"的信件,将其作为对私人事务有可能构成有害公开的事例,法院在适当的情况下应当加以阻止。然而,在这一案件中,人们很难意识到任何狭义的财产权利会加入考虑之列;公开行为使得受害人不仅仅有受到嘲讽的威胁,甚至于身败名裂,这种公布应当受到限制,那为什么使受害人的生活遭受痛苦的威胁不能够得到同等的限制呢?公布一个人珠宝的名目,从而剥夺他潜在的收益,本质上这并不构成对该人的不法行为。未来获取收益的可能性并不是法律通常意义上认可的财产权。因此,一定存在着对其他权利的侵犯,从而构成了不法行为,并且这种侵犯具有同样的非法性,无论其结果是使一个人反感地将事务公之于众,阻止他可能获取的收益,还是以他人的精神创伤和痛苦为代价来获取利益。如果狭义财产权的拟制必须保留,仍然正确的是,散播闲言碎语者所造成的后果之所以能够实现,利用的便是与他人私人生活相关的事实,而这些事实在他看来适合处于保密状态。首席大法官 Cottenham 宣称一个人"对于自己完全拥有的东西,其独占性地使用及享受应当有权受到保护",他还赞许地引用了 Eldon 的意见,该意见载于 1820 年的 *Wyatt v. Wilson* 案的手写本记录中,论及的是一幅病中的乔治三世版画,大意是"如果已故国王的一名医生保存一部记录其所见所闻的日记,那么在国王的有生之年,法院都不会允许他将日记付梓出版"。并且,就手头上的案件而言,考虑到被告的所作所为,首席大法官 Cottenham 宣称"被侵犯的权利是隐私权"。但是,一旦隐私权被确定成为受法律保护的权利,法院是否干预就不能取决于损害结果的特性了。

这些分析推导出一个结论,即以写作或艺术为表达形式的思想、情绪、感情,法律对它提供的保护包含有禁止发表的内容,就此而言,它只是实施更为一般的个人独处权的一个实例。它同不被侵犯或殴打的权利、不受监禁的权利、不受恶意起诉的权利、不受诽谤的权利相类似。在所有的这些权利当中,正如法律所确认的其他权利一样,具有被占有(owned)或拥有(possessed)的属性——并且(由于那就是财产权的突出属性),将这些权利称之为财产权也许颇为合适。但是,显而易见,它们同通常理解的这一术语几乎没有相似之处。对个人写作和其他私人作品的保护,针对的不是盗窃以及物质意义上的侵占,而是任何形式的公开发表。事实上,这一法则并非基于个人的财产权,而是基于不受侵犯的人格权。[32]

如果我们的推论正确,现行法律便提供了一项法则,可援引用来保护个人的隐私权不受侵犯,无论侵犯是来自汲汲于利的出版业、摄影师或者是其他拥有录制、再现影像或声音的现代化装备的人。在这些案例当中,政府提供保护并非由于表达采取了特定的媒介或形式,也不是因为它属于智力成果。对于一部音乐作品或其他的艺术作品所表达的情绪和感情,法律为其提供了同文学作品一样的保护。并且,所说的话、默剧扮演、奏鸣曲的演出,如果变成文字的话,所受的保护也不会有所减少。以永久性的形式将思想或情感记录下来,使其更易于辨认,从证据的角度来说可能是重要的,但同实体权利相比,这一条件无足轻重。因此,如果说这些判决阐明了思想、情绪、感情上的一般性隐私权利,那么,无论其表达方式是写作、举止、交谈、姿势或面部表情,都应当受到同样的保护。

有人也许会主张应当在以下两者之间作区分:在文学和艺术作品当中,思想和情感的表达经过了反复思考;在日常生活当中,它们的表达则漫不经心、不由自主。换句话说,有人可能会主张对有意识的劳动成果提供保护,这也许是对努力工作的鼓励。[33]无论这一主张多么貌似合理,事实上并不可取。如果以需要的劳动量作为检测标准,我们很可能会发现,一个人在生意及家庭关系上举止端庄,要比画幅画或写本书费劲得多;在日记中表达崇高情感要比过高尚的生活要容易得多。如果以行为当中的审慎程度作为标准,现在可以得到充分保护的非正式通信,就要被排除在既定规则的善举之外了。现有判决拒绝了在那些有意发表的文学作品与无意如此的作品之间进行区分的尝试,所需劳动量、审慎程度、产品价值以及出版意图等所有的考虑因素都应当抛弃。对于所谓的文学和艺术作品,除了隐私权能作为阻止其出版和复制的权利支撑外,别无其他的根据。而隐私权,是更为一般的个人受保护权(right to the immunity of the person)——人格权——的一部分。

应当指出,在一些针对非法出版的案例中,法院宣称的理由并不是基于财产权利,或者说不是完全基于此,而是以所谓的违反默示合同、违反信托或违反保密责任等理由为依据。

在 *Abernethy v. Hutchinson*,3 L. J. Ch. 209(1825)案中,原告是一名杰出的外科医生,试图阻止《柳叶刀》发表一个未公开的讲座,这是他在伦敦圣巴塞洛缪医院的演讲。Eldon 大法官质疑未形成文字的讲座能否构成财产,但以违反诚信为由准予发布禁止令。认为"当准许人们以学生或其他身份来听取这些讲座时,虽然只是口头宣讲,尽管听众在如果可能的情况下甚至可以通过速记的方式将所有的内容记录下来,然而他们只能够出于自身获取信息的目的才能够这样做,不能够为了获利而将讲座内容发表,因为他们没有取得销售权"。

在 *Prince Albert v. Strange*, 1 McN. & G. 25(1849)案中,Cottenham 在上诉意见当中承认拥有蚀刻版画财产权本身就使得签发禁止令具有合法性,但在证据讨论之后,他还宣称自己不得不假定被告对于蚀刻版画的占有是"以违反信托、违反保密责任或违约为基础的",基于这一原因,原告申请禁止令的要求同样能够得到充分的支持。

在 *Tuck v. Priester*, 19 Q. B. D. 639(1887)案中,原告是某幅画的所有者,并且雇用被告制作一定数量的摹本。被告这样做了,并且还为自己也制作了一些,然后以较低的价格在伦敦将它们出售。后来,原告为该画注册了版权,接着提起诉讼,要求发布禁止令并获得损害赔偿。至于在这一案件当中能否运用版权法,大法官们意见纷呈,但他们一致同意即使不将版权法考虑在内,由于被告的违约,原告亦有权要求发布禁止令并得到损害赔偿。

在 *Pollard v. Photographic Co.*, 40 Ch. Div. 345(1888)案中,某摄影师为一位女士拍摄了一些日常生活照,摄影师被禁止展览这一照片,同样也不能够出售这些照片的复本,原因在于这既违反了默示契约,又违反了保密责任。在调查中,North 法官打断了原告律师的话:"如果有人偷偷拍摄了类似的底片,你是否会辩称他可以展览这些照片?"原告律师答称:"在那一情形之下,并不存在信托,或者形成契约的对价。"之后,被告律师称:"一个人对自身的容貌并不享有财产权利;由于拍摄者没有诽谤或其他的非法行为,对他使用底片的行为不应有限制。"法院明确裁决该案存在对契约和信托的违反,这足以让法院的介入具有合法性,尽管如此,法院似乎感觉有必要将其判决建立在财产权利的基础之上[34],从而可以使判决与依据的先例保持一致。[35]

契约中所隐含的一项条款,或暗示的信托(特别当契约是成文的,并且没有约定俗成或习惯的情形),这种处理方式不折不扣就是法院对公共道德、私性正义、全体便利所要求确认的这一规则的进行宣告,而且在类似情形下的公开发行会被认为是无法容忍的恶行。只要条件许可,恰好可以提供一份合同,公正之士基于此可以将这类术语附加其上;或提供一种关系,基于此信托或信任可以成立,经由合同或信托的原则解决所需保护这一问题就可以不致遭受反对了。然而法院很难止步于此。当防范的权利滥用只可能因违反契约或特别信任而产生时,这种范围狭窄的原则或许能满足社会的一时之需;但是,在有些不法行为中受害一方无从进行任何参与,如今现代化的设备为这类恶行提供了大量契机,法律保障必须建立在更为广泛的基础之上。例如,摄影艺术处于这样的状况,拍摄一个人的照片时很少能不需他自觉地"静坐"就能达到目的,合同法或信托法或许能为谨小慎微的人士提供足够的保护,防止他的肖像被不当传播。但既然摄影艺术的最新发展使得偷拍成为可能,合同以及信托的原则就不足以提供所需要的保护,此时必须诉诸侵权法。财产权在其最广泛的意义上包含了所有的个人财产、所有的权利和特许,因而也包含了不受侵犯的人格权,只有这种财产权才能提供保障个人需求得以实现的广泛基础。

因而,法院在寻求禁止公开私人信件得以成立的若干原则时,自然而然地会想到违反契约,或默示合同等方案。既然它不能够让法院针对陌生人的侵犯提供救济,不用费心思索,我们就能够了解这一原则并不足以提供所需的全部保护;因此,信件内容中包含财产权利的理论被采纳了。[36]一个人不经意收到信件,接着将信件公开,事实上很难想象是由于何种法律理论,收信人违反了明示或暗示的契约,或违反信托,在这一术语通常接受的意义之上。设想一下,未经一个人的请求,一封邮件寄给了他。他打开信件,阅读它。无疑他没有缔结任何契约;他没有接受任何信托。除了法律宣称的义务,打开和阅读信件不能让他随受任何责任。而且,无论如何表述,设定的法律责任只是为了让人留意到寄信人的法律权利,不管这一权利是什么,不管将其称为信件内容中的财产权,还是他的隐私权。[37]

类似探索是在商业秘密法当中发现禁止非法公开得以成立的原则。在那里,一般而言批准禁止令的理论基础是违背契约或滥用信任。[38]当然,除非寄予信任,否则几乎无从掌握秘密。但是,如果一个人通过普通的侵权行为获知信息——例如不法窥视一本机密记录,或采取偷听的方式获取机密——我们能够设想法官在提供救济时会有犹豫吗?实际上,在 *Yovatt v. Winyard*, I J. &W. 394(1820)案中,禁止令的发布是为了严禁被告利用或传播兽药的药方,似乎被告在受原告雇佣期间,偷取了原告药方并进行复制。Eldon 法官"基于此处存在对契约及信任的违反,批准了禁止令";然而,在此案与一个纯陌生人非法获取药方的情形之间,似乎难以划出一道合理的法律界线。[39]

因此,我们必然能够断定,无论这样被保护的权利的确切性质是什么,都不会是由契约或特殊信赖关系产生的,而是一种对世权;并且,正如上文所说,保护这些权利所运用的原则实际上不是私有财产原则,除非是在财产权一词的引申意义和特殊意义上而言的。保护个人作品以及其他智力产品、情感产品的法则,是隐私权;法律无须阐明新的原则就可以将保护范围拓展至仪表、言语、行为以及和家庭及其他领域的个人关系。[40]

如果侵犯隐私权构成法定的侵权行为,从侵权行为本身所致的精神痛苦的价值被确认为赔偿的原因之后,要求损害赔偿的基础便得以存在。

个人拥有隐私权,防止肖像被公开,这是该权利延展最简单的情况。保护私人事务不被新闻报刊书面描写(pen portraiture)、议论,是更为重要和影响深远的权利。一封邮件当中寻常且无足轻重的话语,一件没有艺术性又不值钱的手工艺品,个人拥有无论什么样的东西,如果它们都受到保护,不仅免于复制,还能够免于描述和列举,这样的话,一个人社交与家庭中的言行将免遭多少无情的揭露!如果未经女士的同意,你不能够拍摄她的面孔,那么我们将省去多少对复制品的忍受啊!这些复制品为了迎合那些粗俗和堕落的想象,逼真地描述她的面容、形态及动作。

隐私权所必然具有的范围,已经在法国法当中得到了体现。[41]

有待考虑的问题是:隐私权的限制是什么?实施隐私权能够获得什么样的救济?先于实践,在个人尊严与便利必须服从于公共利益或私性正义之处划出一条明确界线,这将是一项艰巨的任务。但是,更一般的规则可从诽谤法以及版权法已阐明的规则进行法律类比来提供。

1. 隐私权并不禁止公开涉及公共利益或普遍利益的事项。

在确定这一规则的范围时,类推适用诽谤法的案例将会提供帮助,案例涉及的是对公共利益或普遍利益的事项进行评论与批评的有限特许权利。[42]适用这样一条规则当然会存在困难,然而困难是该问题所固有的,而且也不会比存在于其他部门法的困难更大——例如,在许多案件中,行为的合理与否构成了是否承担责任的标准。该法律的意图是必须保护那些社会没有合法理由关注他们事务的人士,使其免于陷入不受欢迎以及非其所愿的宣传报道之中;保护所有的人,无论身份地位为何,避免在违背自身意志的情况下将他们宁愿保持私密的事务公开。无正当理由侵犯个人隐私的行为应当受到谴责,并且在可能的情况下还将予以禁止。然而,上文所提及的区别是明显且根本的。有的人也许可能名正言顺地宣称拥有一项权利,避免成为新闻业的牺牲品而声名狼藉。另一些人则在不同程度上放弃了能够藏匿于公众观景之外的生活方式。我们有理由认为第一类人的事务仅仅关涉自身,第二类人的事务对于同胞们而言则是具有合法利益的话题。对于普通人而言,言谈举止上的怪癖可免于被人说三道四,但它可能具有公共意义,这在公职候选人身上可以体现出来。除了用事实与行为本身的标准将其区分为公众的或私人的之外,还有必要作更进一步的区分。披露一个低调、腼腆的人士有演讲障碍或发音不准,即便这还称不上是对他权利史无前例的侵犯,也能称得上是毫无根据的侵犯了。但是,如果是一个未来的议员,对他身上同样的特征进行说明和评论就不算逾矩了。

我们要考查的一般性主题是保护个人生活中的隐私,以及在考虑公开之前,何种程度以及何种关联上一个人的生活不再具有隐私性,到达那样的程度时就不能够得到隐私权的保护。[43] 既然如此,能否将同样事实公开发表,也许完全建立在公开的对象是何人的基础之上,没有固定的公式能够禁止令人反感的出版发行。应采纳的责任原则必须具有弹性,要顾及每一个案件当中的不同情况——该必要性遗憾地不仅让隐私权的适用变得更加困难,还在某种程度上也导致它运行的不确定性,使其易于早夭。此外,在实践中,人们关注的范围只是那些受到明目张胆地挑战的行为准则与礼仪。出于对私生活的尊重，最优雅的品位、最敏锐的感觉会谴责的所有事务，即使尝试对它们进行约束也许都为人们所不取。

总体而言，应受限制而不宜公开的事务可以描述如下：它们关涉到私人生活、习惯、行为以及个人关系，并且与他是否适合担任所寻求或被推荐担当的官职（public office）无法定联系，与他是否适合担任所寻求或被建议担当的任何公职或准公职（public or quasi public position）无法定联系，与他在公职或准公职职责范围内的所作所为无法定联系或没有联系。前述内容并不是要确立一个完全精确或详尽的定义，既然在大量案例中，最终的判断都变成了个人判断和看法的问题，是不可能得到这样的定义的，但它尝试从大体上阐明所涉事务的种类。有一些事务，不论是否属于公共生活的范围，所有的人都有权利让它们隔离于公众猎奇之外；而另外一些事务之所以具有私密性,只是因为与之有关的人没有担任某一职务,而这一职务可以使其所作所为成为公共合法调查的对象。[44]

2. 虽然某事项具有私密性质,但根据诽谤法,当一些条件使得公开传播的言论具有可免责性时,隐私权并不禁止其公开发表。

在此规则之下,法院、立法机构及其委员会、市议会及其委员会等任何地方的公开发表行为都没有侵犯隐私权利;其他市政或教区的公共团体,或准公共团体,如因慈善、商业或其他一般利益而形成的大型自愿联合实体进行的信息沟通,并不构成对隐私权的侵犯。并且,(至少在多数司法管辖区范围内)对这类事项的报道在某种程度上也被赋予类似的特许权利。[45]这个原则也不会禁止一个人在履行特定公共责任或个人责任时所进行的任何公开,无论这一责任是道德意义上还是法律意义上的;或者一个人在处理自身事务时所进行的任何公开,这些事务只牵涉到他自身的利益。[46]

3. 对口头传述的不足以引起特别损害的侵犯隐私权行为,法律也许不会提供任何救济。

在口头传述与书面公开私人事务之间进行区分,同样的理由存在于诽谤法当中,相对于书面诽谤的责任形式而言,口头诽谤采取的是严格责任形式。[47]口头传播所造成的损害一般而言如此微不足道,法律很有可能为了保障言论自由而将它们完全忽略。[48]

4. 一个人将事实公开发表,或同意发表,就不再拥有隐私权了。

这只是版权法中常见规则的另一适用而已。版权法领域的判决还创立了视为发表的标准。在这个问题上,一个重要的原则是,限定意图的私下交流在版权法意义上不属于公开发表。[49]

5. 被公开事项的真实性并不构成抗辩理由。显然,这一领域的法律不会关注被公开事项的真实与否。

要求救济或预防的,不是个人名誉,而是隐私权受到了伤害。对于前者而言,也许诽谤法提供了足够的保障。后者意味着隐私权不仅对个人生活的不实描述加以阻止,而是从根本上阻止对它进行描述。[50]

6. 公开发布人没有"恶意"并不构成抗辩理由。

同普通的侵犯人身或财产的案件一样,在隐私权案件中个人的恶意并不是违法行为的构成要素。在普通法里,这样的恶意从来不需要在诽谤之诉中展示,除非是存在于有些辩护中的反证。例如,某些场合,或根据国家和其他地方的法律规定,使得传播具有可免责性,所指控的陈述是如实的。不论发言者和写作者动机是受人驱使或完全自主,不论这一动机是否应该受到指责,对于受保护的隐私权而言,这一侵犯同样是完成了的,同样造成了损害。正如对名誉的伤害,从某种程度上而言,诽谤引发了破坏安宁的趋向,而无需考虑导致公开发表的动机为何。如果将侵犯隐私权视作是针对个人的不法行为,这一规则渗透于整个侵权法,即要求个人应为其故意行为负责,尽管这种行为并不具有恶意;如果视为是针对社会的不法行为,大量的法定罪行中都适用同样的准则。

诽谤法、版权法的实施,为侵犯隐私权提供救济也提供了借鉴,即:

1. 所有案件当中都可提出赔偿损失的侵权之诉。[51]甚至在缺乏特定损害的场合时,也会对受伤害的感情提供实质的赔偿,就像在诽谤法的诉讼中那样。

2. 在非常有限的几类案件中,可发布禁止令。[52]

毋庸置疑,个人的隐私权利应当受到刑法上的额外保护,但为此尚需制定法律。[53]或许有人认为在更为狭窄的范围内,对于侵犯隐私的公开发布追究刑事责任是合适的。然而,防止隐私权受到侵犯符合社会利益,足以证明引入此种救济的正当性,这不容置疑。尽管如此,确认个人权利是保护社会的主要途径。每个人都只为自身的作为及不作为负责。如果他手中拥有适于防御的武器,却宽宥了自己的谴责对象,他要对结果负责。如果他反抗,公众舆论将集结起来成为他的后援。那么,他拥有这样的武器吗?有人相信普通法提供了这样的武器,经过数世纪的文火锻造,到了今天已成为他称心如意的武器。普通法一直认定一个人的房屋就是他的城堡,坚不可摧,即使在执行自己长官的命令时也是如此。难道我们的法院就这样在向权威当局关闭前门的同时,又要为无聊之士和好色之徒的猎奇心理广开后门吗?

1890年12月于波士顿

注　释

[1] Year Book, Lib. Ass., folio 99, pl. 60 (1348 or 1349),似乎是对民事侵犯造成损害进行赔偿的首例。

[2] 从技术上而言,这些妨害主要是对财产的损害,但是承认免遭受这类妨害的权利包含财产权利,其中就涉及对于人类情感价值的确认。

[3] Year Book, Lib. Ass., folio 177, pl. 19 (1356), (2 Finl. Reeves Eng. Law, 395)似乎是最早报道的诽谤之诉案件。

[4] *Winsmore v. Greenbank*, Willes, 577 (1745).

[5] 服务的损失是这一诉讼的主因;但据称:"在任何报告的、由父母提起的诉讼当中,我们都没有注意到此类服务的价值被认为是损害的衡量方法。"Cassoday, J., in *Lavery v. Crooke*, 52 Wis. 612, 623 (1881). *Martin v. Payne*, 9 John. 387 (1812)案首创了"建设性服务"这一拟制。接下来,父母的感情、本人及家庭的耻辱都被认为是决定损害赔偿的重要因素。*Bedford v. McKowl*, 3 Esp. 1992 (1800); *Andrews v. Askey*, 8 C. & P. 7

(1837);*Philips v. Hoyle*,4 Gray,568（1855）;*Phelin v. Kenderdine*,20 Pa. St. 354（1853）.准许对这些损害进行赔偿,似乎确认了对家庭名誉的损害,是对父母人身造成损害的一种。因为一般而言,仅仅是对父母感情造成伤害,不能成为损害赔偿的要件。例如,小孩受到人身伤害时对父母造成的痛苦。*Flemington v. Smithers*,2 C. & P. 292（1827）;*Black v. Carrolton R. R. Co.*,10 La. Ann. 33（1855）;*Covington Street Ry. Co. v. Packer*,9 Bush 455(1872).

［6］"Yates 法官的观点是:如果不能够被标记,以及在返还之诉或追索之诉中不能重新获得的,都不能称得上是财产。在人类社会的早期阶段,那时财产处于简单形式,损害的救济形式也同样简单,这一观点可能是正确的。但是在一个文明程度更高的阶段,生活中的关系以及由此产生的利益都复杂化了,这一观点就不正确了。"Erle, J., in *Jefferys v. Boosey*, 4 H. L. C. 815, 869（1854）.

［7］在英国,版权于1558年首次被确认为私人财产权的一种。Drone on Copyright,54,61.

[8] *Gibblett v. Read*,9 Mod. 459(1743),也许是将信誉确认为财产的首例。

[9] *Hogg v. Kirby*,8 Ves. 215(1803). 直至1742年,Hardwicke法官还拒绝将商标视为财产,不会因商标受到侵犯而同意签发禁止令。*Blanchard v. Hill*, 2 Atk. 484.

[10] Cooley on Torts,2d ed. ,p. 29.

[11] 8 Amer. Law Reg. N. S. 1(1869),12 Wash. Law Reg. 353(1884); 24 Sol. J. & Rep. 4(1879).

[12] Scribner's Magazine,July,1890. "The Rights of the Citizen: To his Reputation," by E. L. Godkin,Esq. ,pp. 65, 67.

[13] *Marian Manola v. Stevens & Myers*, N. Y. Supreme Court, "New York Times" of June 15, 18, 21, 1890.原告称其当时正在百老汇演戏,出于角色的要求着紧身装,在未经其同意的情况下,有人用闪光灯从一间包厢偷拍了原告,偷拍的人是被告Stevens,是"空中楼阁"公司的经理,以及被告Myers,是一名摄影师。原告请求禁止被告使用拍摄的照片。法院基于单方请求的发布了预备性禁止令,并且设定了一个提议辩论时

间,以确定该禁止令是否应成为永久性的,但到那时为止始终没有人提出异议。

[14] 如今,虽然"感情"的法律价值得到了普遍的承认,但是在不同类型的案件当中能否获得赔偿金,仍然存在着区别。由此,因侵犯人身所引发的惊吓可以成为诉讼理由,但由于过失所引发的惊吓便不能成为诉理由。因此,凭借伴随身体伤害而来的惊吓,并不能构成损害赔偿的要素,即使此处存在着合法的诉讼理由,例如"侵入他人土地"(trespass *quare clausum fregit*)。*Wyman v. Leavitt*,71 Me. 227;*Canning v. Williamstown*,1 Cush. 451。在诱奸、诱拐儿童(*Stowe v. Heywood*,7 All. 188)或将儿童尸首从墓地移出(*Meagher v. Driscoll*,99 Mass. 281)的情形下,对父母的情感伤害进行赔偿据称是普通原则的例外。另一方面,在诽谤诉讼中,或在恶意指控诉讼中,对情感的伤害被确认为损害补偿的因素之一。在什么地方情感伤害构成诉讼原因或损害赔偿的要素,在什么地方不能构成诉讼原因或损害赔偿的要素,并不具有逻辑性,但无疑是实践准则的良好运行。通过对权威判决的考查,人们相信,无论在什么地方产生

实际的精神损害赔偿,都是某一行为自然且可能的结果,在此,对情感伤害的补偿是允许的。如果在通常情况之下不会产生精神伤害,或即使产生了,但自然是微不足道的,并且,不存在可见的伤痕相随,可供臆想的范围宽广的病痛无从发生,在此,损害赔偿是不被允许的。这一主题之上的诸多判决很好地说明了我们法律之中的逻辑臣服于常识。

[15] "侵权行为,从狭义上来讲,是指对名誉故意且非法的侵犯,如侵犯他人的完整人格。""如今所犯下的暴行,不再仅仅指一个人要用拳头攻击,或用棍棒,甚至是用鞭子,如果将侮辱性语言加诸他人也属于侵权行为。"Salkowski, Roman Law, p. 668 and p. 669, n. 2.

[16] "确信无疑,每个人都有权利保留自己的情感,如果他愿意,他当然有权决定是否将其公之于众,或只让自己的朋友见到。"Yates, J. , in *Millar v. Taylor*, 4 Burr. 2303, 2379 (1769).

[17] *Nicols v. Pitman*, 26 Ch. D. 374 (1884).

[18] *Lee v. Simpson*, 3 C. B. 871, 881; *Daly v. Palmer*, 6

Blatchf. 256.

[19] *Turner v. Robinson*,10 lr. Ch. 121;S. C. ib. 510.

[20] Drone on Copyright,102.

[21] "假设法律就是如此规定的,就这方面而言它的基础是什么? 我相信,这并不涉及任何特定文学上的考虑。创造普通法的人士有着许多的美德,但其中可能并不包括信件保护者。然而他们知道财产保护的责任和必要性,与这个一般目标相一致,有着远见卓识的广泛规则被制定出来——和平及文化可能发现和引进的各类不同构成与形式的财产,这一规则都能够与之相适应。"

"随着知识的前行和传播、人类文化理解水平的提升,由文字记录和保存的脑力劳动、思想以及情感的产品成为一种不容忽视的财产。stat. 8 Anne 是现代立法对这一主题的干预,其标题就宣称'为了鼓励学习',并且在序言当中使用了'接受自由'(taken the liberty)的字眼。无论这一立法的运作是增加还是减少了作者的个人权利,从某种程度上而言这些个人权利没有被触及,我们能够看到在普通法当中,为了提供对财产的保护,保障财产的安全,至少在公开发表之前需要经过作者的同意。"Knight Bruce, V. C., in *Prince Albert v. Strange*, 2 DeGex& Sm. 652,695 (1849).

[22] "然而,这一问题不会转化为形式或数量上的弊与利、得与失。不论手稿的作者是鼎鼎大名还是鲜为人知、低下还是高贵,如果是无辜方(innocent),无论作品是有趣还是无聊、肤浅还是凝重、畅销还是滞销,都有表达它们的权利。除非经由作者同意,否则不能够将其公开发行。"Knight Bruce, V. C., in *Prince Albert v. Strange*, 2 DeGex& Sm. 652,694.

[23] *Duke of Queensbury v. Shebbeare*,2 Eden,329 (1758); *Bartlett v. Crittenden*,5 McLean,32,41 (1849).

[24] Drone on Copyright, pp. 102, 104; *Parton v. Prang*,3 Clifford, 537, 548 (1872); *Jefferys v. Boosey*, 4 H. L. C. 815, 867,962 (1854).

[25] "问题在于,法案是否与必然得到保护的民事财产权情形一样,载有法庭能够留意的事实。禁止令不能基于这一类别的任何原则而成立:如果有一封妨碍友谊的信件,无论是持

续友谊或中止友谊来为法院的干涉提供理由。Lord Eldon in *Gee v. Pritchard*, 2 Swanst. 402, 413（1818）。因而,在基于保护财产权的基础之上,在没有制定法的支持和偏见的情形之下,普通法保障有关作品的隐私以及隐匿作品的思想与情感,以及作者所期望的保持不广为人知。"Knight Bruce, V. C., in *Prince Albert v. Strange*, 2 DeGex& Sm. 652, 695.

"人们承认权宜手段与公共政策决不能成为民事司法管辖的唯一依据,基于任何理由,原告能否有权得到所要求的救济,是一个仍待解决的问题。对我们而言,似乎仅能基于一个理由,原告才能提出要求救济的主张,我们的司法才能提供救济。我们必定感到满意,在未经写信人同意时公布私人信件,是对属于写信人专有财产权的侵犯,甚至当信件已送至收信人,并且仍然为收信人所持有时也是如此。"Duer, J., in *Woolsey v. Judd*, 4 Duer, 379, 384（1855）.

[26]"我认为,一部作品合法出版之后,就该术语的通常意义而言,与一部从未出版的作品不同。前者可能会被翻译、删节、分析、部分展示、称赞或者受到其他方式的对待,而后者

不会。"

"然而,假设不是翻译、节选或评论,而是被编以目录的情形;假设某人创作了形形色色的文学作品(用 Eldon 法官的话来说,'无辜方'),而那些作品是他们从未曾想过要印刷或出版的,或者丧失阻止出版的权利;假设某个寡廉鲜耻的人不正当获取了这些作品的信息,未经授权或许可,以传播为目的印刷了描述目录,法律会允许这样做吗?我希望并且相信不会。我认为,能够阻止公开盗版的相同原则,也能够适用于这一案件。"

"出版一个人写给特定人或特定主题的信件,他不仅可能会遭受讥讽,甚至会被毁掉。他可能拥有一些退件,是写给之前曾有关系的收信人的,无论多么无伤大雅,也不能够在其身后被介绍;或者他的文字可能是古板守旧的,与其外在习性、世俗地位不相吻合。即使现在还有着因文致罪的传唤,这是危险的,虽然有时可以逃脱这一危险。"

"此外,原稿的情形可能是这样,仅需列出其中之一的姓名就可以成为全体好奇心的对象,在一份未出版的著作的目录中将会提及多少人啊,他们身前或身后期间都会博得大卖。"Knight Bruce, V. C., in *Prince Albert v. Strange*, 2 DeGex& Sm. 652, 693.

[27]"蚀刻版画的摹本或重印本是交流原作知识与信息的唯一方式,而列表及描述不是同样如此吗?手段虽异,但目标与效果却相似,在两者当中,其目标与效果都是让公众或多或少地知道该未出版的作品以及创作者,而这一作品是他有权出于私用或个人娱乐的目的完全持有,而且可以拒绝,或只就自己乐意的范围内让他人知晓信息。对已出版作品进行删节、翻译、摘要以及批评的情形,对于我们当前的问题都没有任何参考意义;它们都取决于版权相关法案规定的范围;与完全取决于普通法上的财产权利的作者对未出版作品的排他性权利没有相似之处。"Lord Cottenham in *Prince Albert v. Strange*, 1 McN. & G. 23, 43 (1849). Yates 法官在 *Millar v. Taylor* 案中称:"创作者的情形与新械式的机器的发明者的情形相类似;每一种首创发明者都将立足财产之上,无论是机器还是文学作品,无论是一首叙事史诗还是太阳系天体仪;剽窃别人的发明

与窃取他的思想,两者是同样严重的不道德行为。在我看来,个人依自己的兴趣、指令以及用途来实施机器发明与艺术作品中的财产权利,这当然是允许存在的;而且,在公开发表之前,它们有可能受到侵犯,不仅仅是制定摹本,而且还包括描述或编制目录。这类作品的目录本身也许就具有价值。就像一个人论文的列表一样,这一目录可能同样有效地表明了艺术家思想的偏好及转向、感受与品位,在非专业化时更是如此。文件夹或工作室可能与写字台宣告一样多的内容。一个人在忙于私事的时候可能采取一种无害的方式,但这种方式一旦向社会公开,就可能毁掉他舒适的生活,甚或在这一领域的成就。无论如何,我认为,每一个人都有权利称:未经自己的同意,其在私人时间内的成果不会更容易公开发行,因为与相反的情形比较,公开发行对于他而言必须具有好的声誉或具有利益。"

"因而,我想,不仅是此处的被告非法侵犯了原告的权利,而且这个侵权是这样的类型,影响的是这样的财产权利,以至于要给予原告禁止令的预防性救济;而且,不多不少,因为它是这样的一种侵犯——一种不得体且不适宜的侵犯——这一侵犯不仅仅是对惯例的违反,而且违反了对每个人而言自然而然的行为规范——实际上,可以适当描述了对家庭生活隐私的一种卑劣窥探,如果侵入了家庭(迄今为止在我们之中具有神圣色彩的一个词汇),这个人的家庭生活与行为形成了一个公认的权利,在这个国家得到了最为明显地尊重,虽然这并非是他们绝无仅有的权利。"Knight Bruce, V. C. , in *Prince Albert v. Strange*,2 DeGex& Sm. 652,696,697.

[28] *Kiernan v. Manhattan Quotation Co.* ,50 How. Pr. 194(1876).

[29]"被告的律师称,在未经所有权人同意的情况下,一个人获取他人财产信息,法院基于任何规则和原则不能(无论他可能保存的有多么秘密,或多么努力地保存它)禁止未经本人同意而向世界交流与公开发行这一信息,告知世界这一财产究竟是什么,或者不论采取口头、印刷或书写的方式对这些财产进行公开描述。

对于私有性质的财产,其所有权人在不侵犯他人权利的情况下,可以而且能够处于隐私状态。一个人在未经所有权人明示或暗示同意的情况之下取得了这一财产的信息,该人士是否能够未经所有权人同意而合法地利用如此获得的信息,公共对财产的描述?我对此表示怀疑。

这样的公开也许处于这样一种状态,或与财产处于这样一种关系,即提出的问题与涉及的是过于轻微而不值得注意的合法公开。然而我能够设想如下情形,这一事务可能严重影响到所有者的利益或情感,或对两者俱有影响。例如,一个艺术家未完成作品的性质与目的,过早地公之于世,可能对他造成痛苦以及深深地伤害。我们也不难提供其他例子……

有人建议,未经本人同意,公开一个收藏者的宝石、金币、古董或其他类似的珍藏品,便是未经同意使用其财产。当然,这种类型的事件确实可以使收藏者的生活深受困扰,又可同样程度地迎合他人——也许不仅仅是一件标准的不幸事件——但是它的确在最普通的意义上给所有人造成了损害。这样的目录,即使不加描述,通常都是大家争相获得的东西,并且有时能够获取可观的价格。因而,在这一个以及类似的例子不一定仅仅带来情感或想象力的伤害,有时还会带来别的伤害。"

Knight Bruce. V. C. , in *Prince Albert v. Strange* , 2 DeGex& Sm. 652,689,690.

[30] *Hoyt v. Mackenzie* , 3 Barb. Ch. 320, 324 (1848); *Wetmore v. Scovell* , 3 Edw. Ch. 515 (1842). See Sir Thomas Plumer in 2 Ves. & B. 19 (1813).

[31] *Woolsey v. Judd* ,4 Duer,379,404 (1855)."对社会福利而言幸运的是,法院判决虽在写信时并无任何营利目的,或任何版权意识,写信人仍然对信件拥有一种财产权,除非是出于民事司法或刑事司法的要求,否则未经本人同意,其他人无权公布这些信件。"Sir Samuel Romilly,arg. , in *Gee v. Pritchard* ,2 Swanst. 402, 418 (1818). But see High on Injunctions,3d ed. , § 1012,contra.

[32] "但是有人提出疑问,并不旨在成为文学作品的纯粹私人信件,是否能与具有文学色彩的作品以同样的禁止令的方式给予保护。这一疑问,也许产生自我们养成的习惯,即没有对未刊手稿与已出版著作中的财产权利之间进行区分。后者,正如我在另一处所表明的,是从出版中获利的权利。前者则是

控制出版行为的权利,并且决定到底是否出版。它被称为一种财产权;这一表述也许并不是十分令人满意,但从另一方面也足以描述了此种权利不管是多么无具体形态,依然包含有财产的诸多重要因素;它至少是肯定、明确的。当博学的法官将这一术语应用于未刊手稿的时候,这种表述让我们不致感到困惑。很明显,他们使用这一表述是为了与纯粹的情感利益相对比,描述一种具有法律利益的实体权利,除此之外,别无其他意图。"Curtis on Copyright,pp. 93,94.

阻止未刊手稿发行的权利与众所周知的豁免权(personal immunity)之间的相似性,体现在对待与债权人有关的权利之上。阻止这类公开发行的权利,以及针对侵权行为提起诉讼的权利,与恐吓、殴打、诽谤或恶意诉讼等诉讼理由一样,都不是向债务人提供的资产。

"没有任何法律能够强迫作者发行作品。除作者之外,没有人能够对出版这一重大事件作出决定。无论它的手稿多么具有价值,在未征得本人同意的情况之下,债权人不能够将它作为财产而占有。"McLean, J., in *Bartlett v. Crittenden*, 5

McLean,32,37（1849）.

人们还认为,即使在收信人没有主张其权利的情况下,收信人也不像遗嘱执行人或遗嘱管理人那样的具有出售财产的权利。*Eyre v. Higbee*,22 How. Pr.（N.Y.）198（1861）.

"在法律意义上,'财产权'一词的真正含义是'它对任何人而言都是特定或独具的;它仅仅属于一个人。'该词的第一个含义源于 proprius,指的是'某人自己的'。"Drone on Copyright, p. 6.

显然,为了成为独占性所有的对象,一个东西必须具有可识别性。但是,当它的身份是能够识别的,因而就个人所有权而言能够得到维护,那么这个东西是有形还是无形的就无关紧要了。

[33]"这样一来,我相信,普通法对手稿保护的性质和基础,独立于议会的增减之外,其运行不一定局限于文学主题。否则就会通过实例限制规则的规范。我认为,劳动成果在无论哪里可能受到类似形式的侵犯,都应当有类似地得到保护和救济的权利。"Knight Bruce, V. C., in *Prince Albert v. Strange*, 2

DeGex& Sm. 652, 696.

[34] 因而这个问题是:一位摄影师,受雇于一名客户,拍摄他或她的照片,未经客户明示或暗示的同意,摄影师是否有权将照片翻印后为自己所用,并且出售和处理这些照片,或者为了做广告或其他的目的而将这些照片公开展示。我之所以称"明示或暗示的同意",由于摄影师自身的要求,他总是被允许拍摄某个人的照片,虽然没有明言,但随后的出售行为必定为双方所期待。对于以上提出的问题,我的答案是否定的,摄影师没有权利这样做。一个人在被委以机密的受雇过程中获取了信息,法律不会允许他对如此获取的信息进行任何不当利用;如果必要的话,可以颁发禁止令,以禁止这样的利用;举例而言,禁止职员公布其雇主的账目,或禁止律师公布其客户的风流韵事,这些信息都是在这样的雇用过程中猎取的。再说,法律明确规定对于违反明示或暗示的契约的行为可以通过禁止令予以限制。在我看来,摄影师案与前两个案件所依靠的原则都相吻合。雇用并向他支付报酬的目的便是要求他在特定主题上给客户提供所需的一定数量的翻印照片。为此目的,摄

影师通过镜头拍摄了底片;而且,有了这些底片,便可以冲印出远远超过客户所要求数量的照片。因此,坐待底片的客户就把复制照片的权利放在摄影师手中;在我看来,摄影师未经授权,出于自用而使用底片加印照片的行为,滥用了交在其手中的仅供客户使用的信赖权;进一步而言,我认为在客户与摄影师之间的契约中暗含着一个协议,从该底版冲洗出来的照片只能够适于为客户自用。参见 *Tuck v. Priester*,19 Q. B. D. 639 案中的判决意见,博学的法官继续称:"Lindley 法官然后说'我首先要处理的是禁止令,它所成立或可能成立的基础与罚金或损害赔偿金完全不同。在我看来,原告和被告的关系是这样的,不论原告拥有版权与否,被告的所作所为就让其得到禁止令。原告雇用他制作一定数量的照片,这一雇佣必然带有被告不能够为自己制作更多复制品的暗示,或者与雇主形成竞争,在这个国家售卖多余的复制品。他所表现的行为是对契约和诚信的严重违反,而且,依我看来,这一行为明白无误地赋予原告申请禁止令的权利,无论他们是否拥有该照片的版权。'这一案件更为引人注目,因为是书面合同,并且其中已经表明一个隐含的条件,即被告不能够为自己制作任何复本。当一名女士震惊地发现她雇用的摄影师将其自用的肖像公开展览且出售其中的复本时,Lindley法官所称'对于诚信的严重违反'在那一案件的运用,对于当前而言同样具有效力。"North, J. , in *Pollard v. Photographic Co.* ,40 Ch. D. 345, 349-352（1888）.

有人也许会说,我所参考的所有案件之中都有特定的财产权利受到侵犯,基于法律对由个人自身技艺或脑力劳动的产品的保护;然而在当前的案件当中的个人照片完全不值得这类保护,这就意味着法律保护的目的是阻止不法行为,而不仅仅是存在着情感上的不满。但是,由摄影师拍摄照片的个人并没有因此被法律所抛弃,因为25 and 26 Vict. ,c. 68,S. 1法案中规定:制作人或制成人在存在有效对价(a good or valuable consideration)时为他人制作照片底片,不能够保留其中的版权,除非制作照片所服务的人在书面签署的协议中明确保留给他;版权应当属于制作照片所服务的人。

当前案件的结果就是照片的版权属于原告之一。毫无疑问,同一法案的第四部分规定,任何版权所有人在登记之前不受该法案保护,而且就登记之前的任何行为提起的诉讼不能得到支持。我推测,因为女原告的照片没有登记,所在在辩论过程当中律师没有提到该法案。但是,尽管该法案通常赋予对世权保护在登记之前无法执行,这也不能够剥夺原告们以违约及违反诚信为由起诉被告的普通法权利。这在前面提及的 *Morison v. Moat* [9 Hare,241] 以及 *Tuck v. Priester* [19 Q. B. D. 629]案件中就已经很清楚了,而后一案件涉及了议会制定的同一法案。Per North, J. , ibid. p. 352.

这些话语表明,成文法可以创设照片或画像当中的财产权利,这些权利在没有登记之前便不存在;但有人提出,如同已在其他类似案件的裁决一样,最终在这一案件中应当裁决只有在公开发行的时候才能够适用成文法则,并且,在登记之前,照片或画像中便具有财产属性,在此之上成文法才能得以运转。

[35] *Duke of Queensberry v. Shebbeare*, 2 Eden, 329; *Murray v. Heath*, 1 B. & Ad. 804; *Tuck v. Priester*, 19 Q. B. D. 629.

[36] Story 法官在 *Folsom v. Marsh*, 2 Story, 100, 111(1841)案中称:如果[收信人]在其他情景中不正当发表类似的一封或

多封信件,衡平法院可以用禁止令来阻止公开行为,因为它泄露私人机密或违反合同,或侵犯了作者的权利;而且更有理由(*fortiori*)的是,如果他试图从发表当中获取利益,因为在此时它不仅仅是泄露机密或违反合同,而且侵犯了写信人所独有的版权……这种一般性的财产权,以及附于财产权的一般性权利都属于写信人,无论这些信件属于文学作品还是日常信函、事实细节或商务信函。如同一般性版权,手稿中的一般财产权利属于写信人及其代理人。理所当然,与两方都没有任何关系的第三方无权出于自己促进私人利益、好奇心、热情等目的而公开这些信件。

[37]"收信人并不一个受托人,他也没有处于类似于受托人的角色之中。无论是现在还是将来,写信人都不有拥有占有权。对持有者强制执行的唯一权利只有阻止发行权,而不是从持有者手中要求收回手稿以便自行公开。"Per Hon. Joel Parker, quoted in *Grigsby v. Breckenridge*, 2 Bush. 480, 489 (1857).

[38] 在 *Morison v. Moat*, 9 Hare, 241, 255 (1951) 案中,在请求禁止令之诉中要求禁止使用药物密方,George James Turn-

er,V.C.称:我认为,法院在此类案件当中行使管辖权不会引发任何问题。诸多不同的理由事实上为行使管辖权提供基础。有些案件诉诸的是财产权,有些诉讼的是契约,有些则将信托或信任视为管辖权的成立基础——我认为,这意味着法院在当事人的良心之上强加法律义务,即在特定利益已经给予的情况下履行承诺,而且与给定利益方同样的方式强制其执行。但是,无论管辖权的成立基础为何,有管辖权的法院无疑都能实施这一权力。

[39] 在商业信誉法当中可以看到合同规定的权利发展到财产权的类似法律成长。早在《年鉴》里就有迹象表明商人们通过合同尽力确立的如今被称做是"商业信誉"的利益,但直到1743年,这种商业信誉才被法律确认为除商人个人协定之外的财产权利。See Allan on Goodwill, pp. 2,3.

[40] 将既定原则适用于新的事实并不是法官造法。之所以将其称为法官造法,是要宣称既定法律实体实际上由制定法与既定判例构成,以及从根本上拒绝这些原则(一般而言在这些案件当中称之为证据)的存在。并非将既定原则适用于新的

案件,而是引入一个新的原则,这才能恰当地称之为法官造法。

但即使某个判决涉及法官造法,也不应将它当做不容置疑地反对该判决作出的……当把私性正义、合乎道德以及公众便利等原则适用到一个新的主题上时,我们的法官们就在不断地行使着这个权力。事实上,我们的法律所具有的弹性,它对于新环境的适应性,它的成长能力,这些都使得它能够满足不断变迁社会的需求,而且能够为每一个确定了的不法行为提供及时的救济,这是它最引以为豪的地方。

"我不能理解,任何人如果思考过这一主题,怎么能够假定一个社会如果没有法官造法仍然能够运转,而且准许他们行使在事实上已经行使的权力、弥补公开宣称为立法者的疏忽,又能存在什么样的危险。在任何国家,法官所造的那一部分法律,要远远好于由立法机关制定的成文法构成的那一部分法律。"1 Austin's Jurisprudence, p. 224.

以上我们参考的案例表明,在一个半世纪的岁月里,普通法在特定案件中为隐私权提供保护,此处所建议的给予更进一步的保护,只不过是另一起对既定原则的适用。

[41] 1868年5月11日有关报纸的法律:"II. 所有在期刊上刊登有关私人生活的行为都是违法行为,将被处以五百法郎的罚金。""诉讼只能由利害关系人提起。"Rivière, Codes Français et Lois Usuelles. App. Code Pen., p. 20.

[42] See *Campbell v. Spottiswoode*, 3 B. & S. 769, 776; *Henwood v. Harrison*, L. R. 7 C. P. 606; *Gott v. Pulsifer*, 122 Mass. 235.

[43] "我们的道德不允许删除有关公开公共生活行为之调查情况,公共生活在此处不仅仅局限于官方或公务员的生活。所有承担公共任务或效忠公共事务的人员,或所有在工业、艺术行业、戏剧业等工作的人员都应当受到公众监督。他们不能继续拒绝接受批评或公开其行为,除非以处罚诽谤、辱骂的法律为依据寻求保护。"Circ. Mins. Just., 4 Juin, 1868. Rivière Codes Français et Lois Usuelles, App. Code Pen. 20 n (b).

[44] "仅有他具有保持绝对的沉默权,意味着没有明确或间接地挑起或授权注意、赞同或责备。"Circ. Mins. Just., 4

Juin,1868. Rivière Codes Français et Lois Usuelles, App. Code Pen. 20 n (b).

这一规则清楚表明了它的制定目的是排除对政要的过往史进行全面调查,美国公众对此再熟悉不过了,并且不幸的是,美国公众对此太过于兴高采烈;尽管不那么杰出的人物可能会要求他们应得却未被法律赋予的"绝对的缄默权"(silence absolu),他们可能仍然会要求其最有限意义上的私生活细节免予被暴露于审查之下。

[45] *Wason v. Walters*, L. R. 4 Q. B. 73;*Smith v. Higgins*, 16 Gray,251;*Barrows v. Bell*, 7 Gray, 331.

[46] 对这种阻止公布私人信件权利的限制早已得到承认;但,与这一权利[写信人的]一致,在必须或正当地公布信件或公众运用信件之类的情况下,言外之意,致信对象可能拥有,而且必须拥有公布任何写给他们的信件的权利。但是这一权利被严格限定在类似的情形之中。因此,在普通法或衡平法诉讼当中,一个人可以有理由使用以及公布一封或多封邮件,只要

它们能够成为坚持或防御诉讼请求权所必要且正当的手段。所以,一个人如果被写信人诽谤或歪曲,或被指控有不端行为,他可以采取公开的方式,公布一封或多封邮件的相关内容,但除了证明他品质与名誉可能所必需的,或使他免于遭受不公正的毁谤或指责可能所必需的,就不能公布更多的内容了。Story, J., in *Folsom v. Marsh*, 2 Story, 100, 110, 111 (1841).

Drone 竭力否认收信人拥有任何公布信件内容的权利,但是他的否认所基于的理由似乎并不令人满意。

Drone on Copyright, pp. 136-139.

[47] Townshend on Slander and Libel, 4th ed., §18; Odgers on Libel and Slander, 2d ed., p. 3.

[48] 但只要流言是口头传播的,就任何个人而言,它只是在很小的范围内传播,而且局限于他所熟知的圈子内部。它们不会传达到,或者说它们几乎很少传达到那些对其一无所知的人那里。流言的传播的确让一个人的姓名、活动或言论为陌生人所熟悉。但更为重要的是,它并不使一个人因知道自己受流

言攻击而感到痛苦和难堪。一个人很少能够听到口头传播的流言,它仅仅是让他显得荒唐可笑,或者侵犯他的合法隐私,而不是从正面攻击他的名誉。因而,他的宁静与安逸仅仅只受到流言轻微程度的影响。E. L. Godkin, "The Rights of the Citizen: To His Reputation." Scribner's Magazine, July, 1890, p. 66.

副大法官 Knight Bruce 在 *Prince Albert v. Strange*(2 DeGex& Sm. 652,694)案中建议应在口头侵犯艺术作品隐私权以及书面描写或编制目录侵犯艺术作品隐私权之间进行区分。

[49] See Drone on Copyright, pp. 121,289,290.

[50] 与法国法相比较:"为避免侵犯私人生活,若不能证明犯罪目的,法律旨在禁止所有以维护事实真相为名讨论私人生活。如果就这一领域(私生活)进行讨论,那么救济将难以弥补损害。"Circ. Mins. Just. ,4 Juin,1868. Rivière Code Français et Lois Usuelles, App. Code Penn. 20 n(a).

[51] Comp. Drone on Copyright, p. 107.

[52] Comp. High on Injunctions, 3d ed., §1015;Townshend

on Libel and Slander,4th ed. , §§417a-417d.

[53] 作为对可能的立法的建议,以下的法案初稿由波士顿律师事务所的 William H. Dunbar 律师拟写:

"第一节如果言论不涉及任何人担任、已担任或寻求担任的官职或公职的行为或资格,或该人士在此类公开期间作为候选人,或被推荐为候选人时的行为或资格。不涉及任何人在他或她的商业、专业、职业内的行为;不涉及与作何人地位、商业、专业、职业相关的行为,致使他在公众面前引人注目;不涉及任何人在公共场所所作所为,以及其他关于公共利益和一般利益事务的言论,这些言论在符合本法规定的范围内,应视为是涉及私人生活或私人事务的言论。

无论何人在任何报纸、期刊、杂志或其他定期出版物,发表任何涉及他人私人生活或私人事务的言论,经由该其他人书面要求不要发表此类言论,或任何涉及他的言论,处以在州立监狱不超过五年的监禁,或处以在监狱不超过两年的监禁,或处以不超过一千美元的罚金。

第二节对于第一节中提出的任何刑事指控,所控诉的言论属实,或这一言论在发表时没有恶意,都不能成为抗辩理由;但如果公开发表中的诽谤言论属于可免责言论,在此情况下任何人都不应受到法律制裁。"

附一

布兰代斯大法官在 Olmstead v. United States 案的反对意见[*]

被告被确定犯有密谋违反《国家禁酒法》（National

---

[*] 根据《国家禁酒法》，本案当事人被指控非法贩运和销售酒类，但他们向联邦最高法院上诉称使用电话非法监听获得的证据违反第四修正案所赋予的权利。1928年6月4日联邦最高法院以5:4的表决结果作出驳回上诉的决定，塔夫脱法官代表法院起草判决意见，称电话监听并未违反宪法第四修正案，因为它并没有侵犯住所，其文字不能扩大和引申。布兰代斯在该案的反对意见中强调联邦宪法应保障个人的隐私权。——译者注

Prohibition Act)的罪行。于被捕或被指控之前,如今在审的所有人士同其他人交流时惯常使用的电话就已被联邦官员监听。在这一端,由政府出面并出资雇用一名具有长期监听经验的线务员。他监听了八台电话,一些电话位于被控人士的家中,一些位于他们的办公室。至少有其他六家禁酒机构代表政府在职权范围内听取了监听的电话并汇报了截听的内容。他们的行动长达五个月之久。窃听通话的打字记录占据了775页的打印稿。反对的理由适时提出并持续更新,被告对采纳的证据是通过监听获取的提出反对,基于的理由是政府的监听构成无理搜查和扣押,违反了第四修正案。而且,使用监听的对话作为证据,迫使被告人自证其罪,违反了第五修正案。

政府并没有试图为其职员使用的方法进行辩护。事实上他并不讳言:如果监听可以认定为第四修正案规定的无理搜查和扣押,那么在审案件中的监听就可称得上是无理搜查和扣押,并且,由此获得的证据就不应被采纳。但是政府凭借修正案所使用的文字,宣称如果认为该修正案的保护范围包括电话交谈,那就不能够自洽其说了。

首席大法官马歇尔在 *McCulloch v. Maryland*,4 Wheat. 316,407 案中宣称,"我们永远不要忘记,我们所解释的乃是一部宪法"。从那时起,联邦最高法院依据那一法律文件的不同条款频频确认国会权力的行使,宪法诸父们从没有梦想过宪法会变成这样。参见 *Pensacola Telegraph Co. v. Western Union Telegraph Co.*,96 U.S. 1,9 案; *Northern Pacific Ry. Co. v. North Dakota*,250 U.S. 135 案; *Dakota Central Telephone Co. v. South Dakota*,250 U.S. 163 案; *Brooks v. United States*,267 U.S. 432 案。我们也同样判决:对政府权力的一般性限制,如那些体现在第五修正案和第十四修正案规定正当程序条款那样,并不禁止联邦政府或州政府通过制定规则(regulations)以适应现代条件,这些规则"在一个世纪以前,甚至是在半个世纪以前,或许会因为其专断且压迫而遭到拒绝"。*Village of Euclid v. Ambler Realty Co.*, 272 U. S. 365,387; *Buck v. Bell*,274 U. S. 200)。保护个人免遭特定权力滥用的保障条款,也必须具有类似地适应世界变迁的能力。有关这样一个条款,联邦法院在 *Weems v. United States*,217 U. S. 349,373 案中称:

> 立法,不论是颁布法律还是宪法,其制定确实是来自恶行的经验,然而立法的概括性语言,不能因此就必然限定在对那时之前恶行采取的方式之上。时移世易,新的情况和意图被引入了。因而,对一项法律而言,至关重要的是它必须能够运用于比创生它的危害更为宽广的领域。这一点对宪法而言尤为正确,它们不是朝生暮死的法律,旨在满足转瞬即逝的事由。用首席大法官马歇尔的话来说,他们"旨

在让人类制度尽可能地接近不朽"。它们所关注的是未来,为无法预言、具备或好或坏倾向的事件提供准备。因而,在实施一部宪法时,我们所深思的不能仅仅是既成之物,还要有可能之物。依据其他任何规则,一部宪法将真的是既方便运用,又缺乏效力及影响力了。它的一般性原则将无甚价值,并且被前例改造成为不起作用、死气沉沉的形式。文字宣称的权利在现实中可能会丧失。

当第四修正案、第五修正案通过之时,"那时之前恶行采取的方式"必定简单。强制和暴力是那时人们知道的政府能够直接影响自证其罪的不二之选。如果需要,政府能够用刑讯逼供的方法强迫个人作证——强迫因而产生。政府能够用破门而入的方法,获取个人拥有的关涉私生活的文件及其他物品——搜查因而产生。第四、五修正案用特定语言规定了针对侵犯"个人房屋和私密生活的神圣性"的保护。*Boyd v. United States*,116 U. S. 616,630).但是,"时移世易,新的情况和意图被引入了",政府能够用更不易察觉且影响深远的方法侵犯隐私。探索和发明使政府能够利用比拉扯人体的刑具更行之有效的方法,将密室私语披露于法庭之上。

此外,"在实施一部宪法时,我们所深思的不能仅仅是既成之物,还要有可能之物"。技术进步为政府的间谍手段提供的支持不会止步于窃听。或许有一天,间谍手段的发展能够让政府无须从秘屉移出文件便将其再现于法庭之上,从而能够将室内的床笫之私呈现于陪审团面前。心理学及其他相关科学的发展,也许会为探测没有表达的信仰、思想和情感提供方法。James Otis 所说的"将每个人的自由放置于一切小官吏之手",远不及这些侵犯来得严重。[1] 对 Gamden 法官而言,一次微不足道的侵犯看上去"破坏了社会的种种享受"。[2] 针对个人安全的如此侵犯,宪法怎么能够不提供任何防护呢?

我们可以在 *Boyd v. United States*, 116 U. S. 616, 627-630 案中得到充分的解答,只要公民自由在美国留存,该案就永远被人铭记。联邦最高法院在此案中回顾了第四、第五修正案背后隐藏的历史。我们引用 Gamden 法官在 *Entick v. Carrington*, 19 Howell's State Trials 1030 案中的判决:

> 这个司法意见提出的原则影响了宪法上的自由与安全的本质。这些原则触及更广,超越了在偶然情形之下提交至法院的具体案件,广泛运用于政府部门及其工作人员侵犯家庭及私密生活的神圣领域。并非破门而入、翻箱倒柜才是构成罪行的实质,而是它侵犯了个人不能被剥夺的人身安全权利、人身自由权及私人财产权,但处于当时的情形,除非当事人犯有特定妨碍公众的罪行,否则那些权利是不能

被剥夺的——对神圣权利的侵犯才是 Camden 法官判决精髓的成立基础与构成要件。破门而入、翻箱倒柜属于趋重情节,而利用刑讯逼供或将私人文件作为其犯罪的证据、没收其财产,其中任何一种形式都处在那一判决判定的罪行之列。就此而言,第四修正案和第五修正案几乎融为一体了。[3]

Ex parte Jackson,96 U. S. 727 案判决委托邮局寄送的密封信件受宪法修正案的保护。邮政是政府提供的公共服务。电话是由其主管当局提供的公共服务。而本质上而言,在密封信件与私人电话信息之间没有任何区别。正如 Rudkin 法官所言:

> 确实如此,一个能看得见,另一个看不见;一个是有形的,另一个是无形的;一个是密封的,另一个是未密封的,但所有这些都是

大同小异。

侵犯电话隐私的罪行,要远远大于干预邮递对隐私的侵犯。电话线路无论何时被监听,电话两端人士的隐私都被侵犯了,而且他们之间就任何主题的对话,不论是适宜、机密以及特许(privileged)不泄露的对话,都可能在窃听之列。不仅如此,监听一个人的电话线路,牵涉到监听他可能打给所有其他人的电话,以及其他所有人可能打给他的电话。同作为一种间谍手段的监听相比较,协助收缴走私物品令(writs of assistance)*和一般

---

* 在美国独立之前,为了减少发生在美洲殖民地的走私活动,英国议会制定了协助收缴走私物品令,这是一种签发给某人授权其在郡长、治安法官和警察的协助下进入任何他人住宅收缴其所藏走私物品的令状。这一令状的签发不需要任何司法审查和理由展示,并且在地域上没有限制。它是造成美国革命爆发前紧张局势的一个重要原因,第四条修正案就是针对这种搜捕状所作的回应。——译者注

逮捕令(general warrants)*只不过是专制和压迫微不足道的手段而已。

在赋予第四修正案隐含的原则以法律效力的时候,联邦最高法院屡次拒绝对它进行过度字面意义的解释方式。这在 *Boyd* 案本身就彰显无遗。从语言通常含义来理解,在运行有序的庭审过程当中要求被告出示一份文件,其中并不存在"搜查"或"扣押"。依据语言的通常含义来解释,强制服从传票(compelling obedience to a subpoena)就没有侵犯"人民的人身、住宅、文件和财产不受无理搜查和扣押的权利"。但是联邦最高法院没有采纳这一证据,只是因为这一信息导致签发的传票成为非法取得的。*Silverthorne Lumber Co. v. United States*,

---

* 早先,在英国由国务大臣签发的一种逮捕令,不写明被逮捕人的姓名,而只指定逮捕对某一行为负责的人,谁应受逮捕则由执行令状的人决定。17 世纪时这种逮捕令非常普遍。1776 年下议院确定其为非法。——译者注

251 U. S. 385. 一名友好的来访者在一间办公室里摘录了文件内容,从字面理解这里并不存在"搜查"或"扣押",但是我们在 *Gouled v. United States*, 255 U. S. 298 案中判决不能使用这一方式取得的证据。

如果紧盯着修正案的文字而非隐含其中的立法目的,没有任何法院能够像联邦最高法院在 *Ex parte Jackson*, 96 U. S. 727, 733 案中那样作为,在这一案件中,修正案的保障延伸至邮递中的信件。第五修正案当中针对自证其罪的规定已被给予了同样宽泛的解释。该规定内容如下:"无论何人都不得在任何刑事案件中被迫自证其罪。"然而,我们不仅判决该修正案的保护延伸至大陪审团面前的证人,虽然他并没有遭到刑事指控,*Counselman v. Hitchcock*, 142 U. S. 547, 562, 586,而且:

> 它在民事程序和刑事程序都同样适用,无论何地一个人给出的回答可能让自己承担刑事责任。对一个纯粹的证人,以及同时作为被

告一方的证人,这一特许权利所给予的保护是同样充分的。

McCarthy v. Arndsten,266 U. S. 34,40.该修正案中狭义的语言文字,始终依其立法目的得以解释:

> 在任何调查中,当一个人担当证人时,要确保他不被强迫提供可能会表明其自身犯了罪的证言。这一特许权利被限制在刑事案件当中,但是它与自身力图防护的损害一样宽泛。

Counselman v. Hitchcock,supra,p. 562.

运用 *Boyd* 案的原则,联邦最高法院的判决已经处理了这类事情。违反第四修正案的搜查和扣押,不论文件的性质是什么[4];当联邦官员取得文件时,不论它是位于家里[5]、办公室[6]或其他地方[7];不论文件是由强力取得[8]、欺诈取得[9]或在有序进行的庭审过程中取得。[10]从这些判决当中,必然可以得出结论:在没有现实的扣押(physical seizure)甚至是没有触及文件的情况下,官员阅读到该文件都违反了该宪法修正案。在对文件内容的如此审查之下,在任何刑事程序中使用文件(如被联邦官员作为证言,因而就见到这份文件;或使用如此得到的内容,从别处获得副本[11]),都构成了对第五修正案的违反。

修正案所提供的保护范围非常广泛。我们的宪法制定者们,致力于保障种种有利于人民寻求幸福的条件。他们认识到保护个人精神世界、情感以及心智的重要性。他们知道,人们在物质形态中只能得到生活的部分苦痛、愉悦以及满足。他们力求保护美国人的信仰、思想、情绪以及感受。他们创设了针对政府的独处权——对文明社会的人而言,这是一种广泛的、最有价值的权利。为了保护这种权利,政府对于个人隐私的每次非法侵入,不管它采取了何种手段,都必须视为是违反了第四修正案。并且,在刑事诉讼程序当中将侵入所确定的事实当做证据来使用,必须视为是违反了第五修正案。

将已有的解释规则运用到宪法第四、第五修正案,我的意见是:被告人对由监听获取证据的异议,应予准许。当然,通向被告人处所电话线路的物理连接(physical connection)是无形的,另外,用来帮助执法的侵入也是无形的。当政府的意图是行善举时,经验教育我们最应保持警惕,保护我们的自由。当存心不良的统治者入侵自由时,生而自由的人会本能地拒斥。自由最大的隐患是来自热情、善意但对其缺乏理解的人不知不觉的侵蚀。[12]

与宪法问题无涉,我的意见是应当推翻原先判决。根据华盛顿地区立法,监听是一种犯罪。[13] Pierce's Code,1921,§8976(18)。为了在该案件中证明自身,政府有义务揭示官员以其名义犯下的罪行。联邦法院不应允许这样的指控继续下去。比较 *Harkin v. Brundage*, 276 U. S. 36, id. , 604 案。

提交法庭的此案情形,与 *Burdeau v. McDowell*, 256 U. S. 465 案的情形截然不同。在那一案件中,涉及的只是单批文件(a single lot of papers)。它们是由一名私人侦探在代表私方当事人行动时获得的;文件不为任何联邦官员所知;在有人能够想到利用它开始一项联邦指控的很早之前就出现了。在此案中,犯罪证据的获得是通过政府支付,官员以政府的名义执行;犯有这些罪行的官员们,同样也是负责执行《国家禁酒法》的官员们;官员们触犯这些罪行,目的是为了获取赢得指控并确保定罪的证据。如此取得的证据构成了这起政府案件的脉络(warp and woof)。政府证据合计有 306 页打印纸。其中超过 210 张的内容都是在陈述监听的细节以及因此确定的事实。[14]对一些被告人而言,除了这些官员非法获取的证据,几乎就没有其他的有罪证据。对于几乎所有的被告人而言(除去那些承认罪行的),定罪依靠的证据主要是由那些官员违反州法获得的证据构成。

正如 Rudkin 法官所说的:

> 此处我们关切的既非窃听者,亦非窃贼。我们关切的也不是私人的行为……我们关切的只是联邦机构的行为,它们的权力受到美利坚合众国宪法的约束和控制。

第八修正案没有明确授权国会可以允许任何人违反合众国的刑事法律。并且国会也没有声称要这样做。比较 *Maryland v. Soper*,270 U. S. 9 案。联邦禁酒机构的委任条款并没有声称授权这些机构拥有违反任何刑事法律的权力。他们的上司是财政部长,并没有指示他们以合众国的名义犯罪。可以假定美国总检察长没有给出任何类似的指示。[15]

当这些不法行为出现时,它们只是官员个人的罪行。从法律视角深思,联邦政府是无罪的,因为没有任何联邦官员得到以政府名义犯罪的授权。如果联邦政府洞悉真相,却试图通过司法部利用这些犯罪行为产生的结果达到自身目的,那么可以认为联邦政府为其官员的犯罪负有道义责任。比较 *The Paquete Habana*,189 U. S. 453,465 案;*O'Reilly deCamara v. Brooke*,209 U. S. 45,52 案;*Dodge v. United States*,272 U. S. 530,532 案;*Gambino v. United States*,275 U. S. 310 案。并且,如果联邦政府通过让其官员犯罪的方式,来实现自己惩罚被告的目的,而联邦最高法院要容许这一行为,似乎就为所有的构成要件(elements)提供了一个许可。如果这样,政府本身就成了违反者。

本法院将支持下级法院判决,准许行政部门一方如此行为吗?我们早已解决了指导原则这个问题,即当法院调用的手段(aid)含有不洁之手时,那么它就不能够纠正不法行为。[16]有关不洁之手的这一箴言来自于衡平法院。[17]但在普通法法院(in courts of law)这一原则也同样盛行。它普遍适用于私人之间的民事诉讼当中。政府是行为人时,运用该原则的理由就更令人信服。当请求的救济属于刑事法律时,运用该原则的理由极其充分。[18]

法律之门并没有因为原告犯下罪行而被关闭。同最有道德的公民同胞一样,确认了的罪行也有资格获得同样多的救济。无论篇幅多长的犯罪记录,都不能够使一个人成为歹徒(outlaw)。法院调用的手段被否认,只有在法院探明这一支持违反了与法院寻求法律救济的事务相关法律时才会发生。[19]否认它是为了维护对法律的尊敬,为了提升施行正义的信心,为了保护司法程序免遭污染。规则只有一个,不是作为,而是不作为。有时候它会被表达为一种实体法的规则,但它同样可以延伸到程序法事项当中。[20]辩护的权利可以被放弃。当不在法庭申辩时,它就被放弃了。但原告带来不洁之手的异议,应当被法院自己采纳。[21]尽管与所有诉讼当事人的愿望都相反,它依然会被采纳。法院要保护自身。

要求公民遵守的行为规范,政府官员也应受到相同的制约,这是体面、安全以及自由都同样需要的。一个法治政府,如果政府不能够小心谨慎地遵守法律,那么它就会陷入危险的境地了。我们的政府是影响力强且无处不在的老师。政府以身示范,或好或坏地教育着全体人民。犯罪是会传染的。如果政府变成了违法者,它便会滋生对法律的轻视,导致所有的人都变得自行其是、无法无天。宣称"在施行刑法时只要目的正当,可以不择手段",宣称"为了确保个人的犯罪行为被判有罪,政府可以犯罪",将会带来可怕的报复。本法庭应当坚定立场(resolutely set its face),反对那种有害学说。

附:

宪法第四修正案

The right of the people to be secure in their persons, houses, papers, and effects, against unreasonable searches and seizures, shall not be violated, and no Warrants shall issue, but upon probable cause, supported by Oath or affirmation, and particularly describing the place to be searched, and the persons or things to be seized.

人民的人身、住宅、文件和财产不受无理搜查和扣押的权利,不得侵犯。除依据可能成立的理由,以宣誓或代誓宣言保证,并详细说明搜查地点和扣押的人或物,不得发出搜查和扣押状。

宪法第五修正案

... nor shall be compelled in any criminal case to be a witness against himself, nor be deprived of life, liberty, or property, without due process of law; nor shall private property be taken for public use, without just compensation.

……不得在任何刑事案件中被迫自证其罪;不经正当法律程序,不得被剥夺生命、自由或财产。不给予公平赔偿,私有财产不得充作公用。

注　释

[1] Otis 反对协助收缴走私物品令的理由,参见 Tudor, *James Otis*, p. 66; John Adams, *Works*, *Vol. II*, p. 524; Minot, *Continuation of the History of Massachusetts Bay*, *Vol. II*, p. 95。

[2] *Entick v. Carrington*, 19 Howell's State Trials, 1030,1066.

[3] 在 *Interstate Commerce Commission v. Brimson*,154 U. S. 447,479 案中,*Boyd* 案的判决中的语句又再次重复,并且,联邦最高法院援引了菲尔德大法官先生在 In re Pacific Railway Commission,32 Fed. 241,250 的话:

> 在公民所有的权利当中,就平安与幸福而言,几乎没有比人身安全权更为重要或必需的了,它不仅保护个人免遭身体侵犯,此外,还保护私人事务、著作以及文件等免予检查与审查。如果不能享有这一权利,所有其他权利将失去一半价值。

Boyd 案判决在 *Silverthorne Lumber Co. v. United States*,251 U. S. 385 案,以及 *Byars v. United States*,273 U. S. 28 案中再次得到肯定。

[4] *Gouled v. United States*,255 U. S. 298.

[5] *Weeks v. United States*, 232 U. S. 383; *Amos v. United States*,255 U. S. 313; *Agnello v. United States*,269 U. S. 20; *Byars v. United States*,273 U. S. 28.

[6] *Boyd v. United States*,116 U. S. 616; *Hale v. Henkel*,201 U. S. 43, 70; *Silverthorne Lumber Co. v. United States*, 251 U. S. 385; *Gouled v. United States*, 255 U. S. 298; *Marron v. United States*,275 U. S. 192.

[7] *Ex parte Jackson*, 96 U. S. 727, 733; *Carroll v. United States*, 267 U. S. 132, 156; *Gambino v. United States*, 275 U. S. 310.

[8] *Weeks v. United States*,232 U. S. 383; *Silverthorne Lumber Co. v. United States*,251 U. S. 385; *Amos v. United States*,255 U. S. 313; *Carroll v. United States*,267 U. S. 132,156; *Agnello v.*

United States, 269 U. S. 20; *Gambino v. United States*, 275 U. S. 310.

[9] *Gouled v. United States*, 255 U. S. 298.

[10] *Boyd v. United States*, 116 U. S. 616; *Hale v. Henkel*, 201 U. S. 43, 70. 以及 *Gouled v. United States*, 255 U. S. 298; *Byars v. United States*, 273 U. S. 28; *Marron v. United States*, 275 U. S. 192.

[11] *Silverthorne Lumber Co. v. United States*, 251 U. S. 385. 比较 *Gouled v. United States*, 255 U. S. 298, 307 案。在 *Stroud v. United States*, 251 U. S. 15 案以及 *Hester v. United States*, 265 U. S. 57 案中，招认的信件和物品并非由非法搜查和扣押所得，它们是由被告自愿披露的。比较 *Smith v. United States*, 2 F. 2d 715 案; *United States v. Lee*, 274 U. S. 559 案。

[12] 电话公司的意见要点也是这样宣称的，这一意见被作为法庭之友的陈述提交：

> 犯罪能够逃脱侦查和定罪，并非仅仅是因为由监听公共电话系统的线路而获得的证据不被采纳，如果

确实应当这样判决的话。而且,在任何情况下,少数罪犯逃脱,比所有人的生活隐私暴露于政府机构面前要好些,那些机构自行其是,诚实或不诚实,不受法院的批准和约束。如果法院仍然认为非法取得的证据可以采纳的话,立法规定监听属于犯罪行为是不够的。

[13] 在如下一些州,拦截由电报及/或电话传递的信息是犯罪行为:Alabama, Code, 1923, §5256; Arizona, Revised Statutes, 1913, Penal Code, §692; Arkansas, Crawford & Moses Digest, 1921, §10246; California, Deering's Penal Code, 1927, §640; Colorado, Compiled Laws, 1921, §6969; Connecticut, General Statutes, 1918, §6292; Idaho, Compiled Statutes, 1919, §§8574, 8586; Illinois, Revised Statutes, 1927, c. 134, §21; Iowa, Code, 1927, §13121; Kansas, Revised Statutes, 1923, c. 17, §1908; Michigan Compiled Laws, 1915, §15403; Montana, Penal Code, 1921, §11518; Nebraska, Compiled Statutes, 1922, §7115; Nevada, Revised Laws, 1912, §§4608, 6572(18); New York, Consolidated Laws, c. 40, §1423(6); North Dakota, Com-

piled Laws，1913，§10231；Ohio，Page's General Code，1926，§13402；Oklahoma，Session Laws，1923，c. 46；Oregon，Olson's Laws，1920，§2265；South Dakota，Revised Code，1919，§4312；Tennessee，Shannon's Code，1919，§§1839，1840；Utah，Compiled Laws，1917，§8433；Virginia，Code，1924，§4477（2），（3）；Washington，Pierce's Code，1921，§8976(18)；Wisconsin，Statutes，1927，§348.37；Wyoming，Compiled Statutes，1920，§7148. 比较 *State v. Behringer*，19 Ariz. 502 案；*State v. Norsko*，76 Wash. 472 案。

在如下一些州,公司从事于传播电报及/或电话信息的行为是犯罪行为。其职员披露或协助披露任何信息的,或纵容他人披露或协助披露任何信息的,属犯罪行为：Alabama，Code，1923，§§5543，5545；Arizona，Revised Statutes，1913，Penal Code，§§621，623，691；Arkansas，Crawford & Moses Digest，1921，§10250；California，Deering's Penal Code，1927，§§619，621，639，641；Colorado，Compiled Laws，1921，§§6966，6968，6970；Connecticut，General Statutes，1918，§6292；Florida，Revised

General Statutes, 1920, §§ 5754, 5755; Idaho, Compiled Statutes, 1919, §§ 8568, 8570; Illinois, Revised Statutes, 1927, c. 134, §§ 7, 7a; Indiana, Burns' Revised Statutes, 1926, § 2862; Iowa, Code, 1924, § 8305; Louisiana, Acts, 1918, c. 134, p. 228; Maine, Revised Statutes, 1916, c. 60, § 24; Maryland, Bagby's Code, 1926, § 489; Michigan, Compiled Statutes, 1915, § 15104; Minnesota, General Statutes, 1923, §§ 10423, 10424; Mississippi, Hemingway's Code, 1927, § 1174; Missouri, Revised Statutes, 1919, § 3605; Montana, Penal Code, 1921, § 11494; Nebraska, Compiled Statutes, 1922, § 7088; Nevada, Revised Laws, 1912, §§ 4603, 4605, 4609, 4631; New Jersey, Compiled Statutes, 1910, p. 5319; New York, Consolidated Laws, c. 40, §§ 552, 553; North Carolina, Consolidated Statutes, 1919, §§ 4497, 4498, 4499; North Dakota, Compiled Laws, 1913, § 10078; Ohio, Page's General Code, 1926, §§ 13388, 13419; Oklahoma, Session Laws, 1923, c. 46; Oregon, Olson's Laws, 1920, §§ 2260, 2262, 2266; Pennsylvania, Statutes, 1920, §§ 6306, 6308, 6309; Rhode Island, General

Laws, 1923, §6104; South Dakota, Revised Code, 1919, §§4346, 9801; Tennessee, Shannon's Code, 1919, §§1837, 1838; Utah, Compiled Laws, 1917, §§8403, 8405, 8434; Washington, Pierce's Code, 1921, §§8982, 8983, Wisconsin, Statutes, 1927, §348.36.

《阿拉斯加刑法典》1899 年 3 月 3 日的法案 c. 429, 30 Stat. 1253, 1278 中规定：

> 如果任何电报公司的任何高级职员、接线员、书记员或雇员，或其他任何人故意泄露任何非接受人或非致信人或他的代理人、律师任何从电报线路截得的所接收或发送、预期发送的任何信息。犯有此种罪行的人，应被视为犯有轻罪，由法院决定，判处不超过 1000 美元的罚款或不超过一年的监禁，或同时处以罚款与监禁。

1918 年 10 月 29 日的法案 c.197, 40 Stat. 1017 中规定：

> 在美国，政府运营电话及电报系统期间，任何

人……除了服务运转所必须之外,在未经授权或其中用户知情并同意的情况下,不得监听任何电报和电话线路,或故意干扰该电话及电报系统的运作,或传输该电话及电报系统的任何信息,或提供该电话及电报系统的任何信息,任何该电话及电报系统的雇员,不得将这一电话或电报的信息泄露给未经正式授权该信息的人。否则处以不超过1000美元的罚金,或不超过一年的监禁,或同时处以罚款与监禁。

1927年2月23日的《广播法》c. 169,§27,44 Stat. 1162, 1172中规定:

未经发信人授权的任何人,都不得拦截任何信息,不得向任何人泄露或公开所拦截信息的内容、主旨、大意、影响或意义。

[14] 以上数据涉及的是 Case No. 493. In Nos. 532-533,政府的证据占据278页,其中140页的证据说明来自于监听。

[15] 根据政府简报,第41页。"财政部禁酒单位否认[窃

听],并且联邦司法部也表示不赞成",还可以参见"Prohibition Enforcement," 69th Congress, 2d Session, Senate Doc. No. 198, pp. IV, V, 13, 15, referred to Committee, January 25, 1927; also same, Part 2。

[16] *Hannay v. Eve*, 3 Cranch 242, 247; *Bank of the United States v. Owens*, 2 Pet. 527, 538; *Bartle v. Coleman*, 4 Pet. 184, 188; *Kennett v. Chambers*, 14 How. 38, 52; *Marshall v. Baltimore & Ohio R. R. Co.*, 16 How. 314, 334; *Tool Co. v. Norris*, 2 Wall 45, 54; *The Ouachita Cotton*, 6 Wall. 521, 532; *Coppell v. Hall*, 7 Wall. 542; *Forsyth v. Woods*, 11 Wall. 484, 486; *Hanauer v. Doane*, 12 Wall. 342, 349; *Trist v. Child*, 21 Wall. 441, 448; *Meguire v. Corwine*, 101 U. S. 108, 111; *Oscanyan v. Arms Co.*, 103 U. S. 261; *Irwin v. Williar*, 110 U. S. 499, 510; *Woodstock Iron Co. v. Richmond & Danville Extension Co.*, 129 U. S. 643; *Gibbs v. Consolidated Gas Co.*, 130 U. S. 396, 411; *Embrey v. Jemison*, 131 U. S. 336, 348; *West v. Camden*, 135 U. S. 507, 521; *McMullen v. Hoffman*, 174 U. S. 639, 654; *Hazelton v. Sheckells*, 202 U. S. 71; *Croc-*

ker v. United States,240 U. S. 74,78. 比较 Holman v. Johnson,1 Cowp. 341 案。

[17] *Creath's Administrator v. Sims*,5 How. 192,204;*Kennett v. Chambers*,14 How. 38,49;*Randall v. Howard*,2 Black,585, 586;*Wheeler v. Sage*,1 Wall. 518,530;*Dent v. Ferguson*,132 U. S. 50,64;*Pope Manufacturing Co. v. Gormully*,144 U. S. 224,236;*Miller v. Ammon*,145 U. S. 421,425;*Hazelton v. Sheckells*,202 U. S. 71,79. 比较 *International News Service v. Associated Press*,248 U.S. 215,245 案。

[18] 比较 *State v. Simmons*,39 Kan. 262,264-265 案;*State v. Miller*,44 Mo. App. 159,163-164 案;*In re Robinson*, 29 Neb. 135 案;*Harris v. State*,15 Tex. App. 629,634-635,639 案。

[19] *Armstrong v. Toler*,11 Wheat. 258;*Brooks v. Martin*,2 Wall 70; *Planters' Bank v. Union Bank*, 16 Wall. 483, 499-500; *Houston & Texas Central R. R. Co. v. Texas*, 177 U. S. 66,99; *Bothwell v. Buckbee,Mears Co.* ,275 U.S. 274.

[20] *Lutton v. Benin*,11 Mod. 50;*Barlow v. Hall*,2 Anst.

461;*Wells v. Gurney*,8 Barn. & Cress. 769;*Ilsley v. Nichols*,12 Pick. 270;*Carpenter v. Spooner*,2 Sandf. 717;*Metcalf v. Clark*,41 Barb. 45;*Williams ads. Reed*,29 N. J. L. 385;*Hill v. Goodrich*,32 Conn. 588;*Townsend v. Smith*,47 Wis. 623;*Blandin v. Ostrander*,239 Fed. 700;*Harkin v. Brundage*,276 U. S. 36,id. ,604.

[21] *Coppell v. Hall*,7 Wall. 542,558;*Oscanyan v. Arms Co.* ,103 U. S. 261,267;*Higgins v. McCrea*,116 U. S. 671,685. 比较 *Evans v. Richardson*,3 Mer. 469 案;*Norman v. Cole*,3 Esp. 253 案;*Northwestern Salt Co. v. Electrolytic Alkali Co.* ,[1913] 3 K. B. 422 案。

附二

重新发现布兰代斯的隐私权*

欧文·凯莫林斯基(Erwin Chemerinsky)

我记得自己在五年级时写过的第一篇研究论文,那是路易斯·布兰代斯的一个小传。对我而言,他的犹太人身份最具特殊意义。1963年,作为一名10岁的犹太小男孩,我渴望成为桑迪·考法克斯(Sandy Koufax)**。可是没有任何迹象显示出我具有运动天分,布兰代斯为

---

* 本文最初是提交给路易斯维尔大学布兰代斯法学院2006年11月13日举办的纪念布兰代斯诞辰150周年论坛的演讲稿。感谢Lauren Gindes在本项研究过程中提供了出色的协助。

** 美国职棒大联盟传奇球星。——译者注

我提供了另一种可能性,那是一条更为实际的道路。在成长的过程中,我从未遇到过任何律师,可能布兰代斯是我最早听闻过的律师之一。

布兰代斯诞辰150周年时,在路易斯维尔大学一场精彩的研讨会上,他的孙子告诉我:犹太人身份是了解布兰代斯特性的关键因素。毋庸置疑,这一身份影响了世界如何对待他,以及他如何看待这个世界。1916年,布兰代斯在参议院确认程序(confirmation)中遭到强烈反对*,部分原因无疑是排犹主义在推波助澜。在联邦法院,作为同事的詹姆斯·麦克雷诺兹(James McReynolds)不仅拒绝同布兰代斯合影,而且不让自己的书记员与布兰代斯的书记员说话。[1]布兰代斯在早期的犹太

---

* 根据美国宪法,联邦最高法院大法官由总统提名,参议院批准。1916年,威尔逊总统向参议院提名布兰代斯担任最高法院大法官。经过四个月之久的鏖战,参议院最终以47∶22的多数赞成通过这一任命。——译者注

民族复国运动中起到了重要的作用。

布兰代斯在担任律师和法官的工作时,似乎显然受到犹太民族"修复世界"(tikkun olam)观念的影响——我们中的每个人都有义务拯救一个破碎的世界。在作为公众代言人、律师和法官时,布兰代斯无疑就是这么做的。在另一条道路上,布兰代斯以法律学者的身份来实现这一观念。

在成为联邦最高法院大法官的许多年之前,路易斯·布兰代斯与人合写了一篇法学论文,这是美国历史上最为著名的法学论文之一。这篇文章是同他的法律合伙人塞缪尔·沃伦一起写作的,题目是《隐私权》。[2] 联邦最高法院在其第一个世纪里的判决中几乎没有提及隐私权,不过在最近的50年里,隐私权却是宪法中最为重要和最具有争议的区域。联邦最高法院利用隐私权保护了购买和使用避孕用具的权利[3]、堕胎权[4]以及私下进行自愿同性恋行为的权利。[5]

然而,这些议题并不是沃伦和布兰代斯在写作《隐私权》时所关注的。他们所关注的是对流言蜚语愈发感兴趣的媒体,以及媒体在没有征得人们同意的情况下披露其私人事务。他们写道:"新闻报刊超出了礼义廉耻可以容忍的限度。传播流言蜚语不再是闲散无聊人士的消遣,而成为一种行业,被人们孜孜不倦又厚颜无耻地从事着。"[6]

有趣的是,这一层面的隐私权利几乎没有得到联邦最高法院的保护。联邦最高法院的判决尚未对信息隐私权利进行清楚地说明或保护。事实上,我认为在可预见的未来,生育隐私权判决上的争议使得拓展隐私权保护的希望渺茫。这不仅令人遗憾,甚至是悲剧性的,因为获悉(learning)与传播的技术处理着大量的私人事务,对个人隐私遭受侵犯形成前所未有的威胁。

在本文中,我将提出三个方面的看法。首先,隐私权这一概念被用来保护十分不同的权利。这种单一标签的使用令人困惑,并且会产生不良后果。其次,司法对信息隐私权仅提供极其低限度的保护,而信息隐私是布兰代斯和沃伦关注的重点。最后,我认为重新发现布兰代斯的隐私权具有重要意义,应当对信息隐私权提供更多的保障。

因此,与研讨会中其他人有所不同,我的文章不太关注对布兰代斯的著作进行整体的描述,而是更想考查在法律,特别是在宪法的发展过程当中,他在隐私权领域的著作意味着什么。

一、隐私权:一词多义

侵犯隐私权在20世纪以前并不能作为一种独立的侵权行为存在。1960年,William Posser在一篇著名的文章里描述了隐私权在侵权法领域是如何创立的,以及有多少种不同的侵权行为列入其中,包括非法侵入(intrusion)、公开披露私事(public disclosure of private facts)

以及扭曲他人形象(placing a person in a false light)等。[7]

我关注的重点是受宪法保障的隐私权概念,在此背景之下,我们同样可以说:隐私权被用来描述至少三种不同的权利。[8]首先,隐私权与防止政府侵入个人家庭或个人人格相关。这当然是第四修正案的焦点,而且联邦最高法院频频提及它保障对隐私权利的合理期待。[9]有趣的是,第四修正案关注的这个焦点可以与布兰代斯的一个反对意见联系起来。在 *Olmstead v. United States* 案[10]中,联邦最高法院思考在不构成对个人家庭有形侵入的情况下,第四修正案能否适用于电话监听。[11]尽管布兰代斯的反驳雄辩有力,最高法院还是坚持不能适用第四修正案。[12]布兰代斯滔滔雄辩,称可以运用第四修正案,因为人们对于交谈内容的私密性具有合理的期待。他写道:

> 我们的宪法制定者们,致力于保障种种有

利于人民寻求幸福的条件。他们认识到保护个人精神世界、情感以及心智的重要性。他们知道,人们在物质形态中只能得到生活的部分苦痛、愉悦以及满足。他们力求保护美国人的信仰、思想、情绪以及感受。他们创设了针对政府的独处权——对文明社会的人而言,这是一种广泛的、最有价值的权利。为了保护这种权利,政府对于个人隐私的每次非法侵入,不管它采取了何种手段,都必须视为是违反了第四修正案。[13]

布兰代斯还提醒人们警惕政府滥用权力,这个问题在今天尤为突出:

当政府的意图是行善举时,经验教育我们最应保持警惕,保护我们的自由。当存心不良的统治者入侵自由时,生而自由的人会本能地拒斥。自由最大的隐患是来自热情、善意但对其缺乏理解的人不知不觉的侵蚀。[14]

几十年之后,在 *Katz v. United States*[15]案中,联邦最高法院采纳了布兰代斯的建议,判决只要存在对隐私合理期待的地方,便可以适用第四修正案。[16]在 *Katz* 案中,最高法院裁决,根据第四修正案,政府监听一个人在电话亭的通话时需要取得授权令。法院强调个人对隐私权利具有合理的期待。[17]

在宪法上,隐私权第二种完全不同意义的用法是自主层面的保障。一个人作出某些特定个人决定的权利,被称为隐私权。

宪法对自主权的保护,可以追溯到布兰代斯时代的联邦最高法院的判决。在 1923 年的 *Meyer v. Nebraska*[18]案中,一个州的法律禁止教授除英语以外的任何其他语言,联邦最高法院宣布其违宪,布兰代斯加入多数判决。[19]为了保障基本层面的家庭自主权,法院在正

当权利条款之下宽泛地界定了"自由"这一词语。法院称:

> 毫无疑问,[自由]并不仅仅意味着免于人身监禁的自由,还包括个人缔结契约的权利、在一生中从事任何一种普通职业的权利、获取有用知识的权利、婚姻权、建立家庭以及生儿育女的权利、遵循自身良心的指示敬拜上帝的权利,以及全面享有普通法长期确认的权利,这些权利对自由人有序追求幸福而言必不可少。[20]

虽然判决意见并没有提及"隐私权",但它显然是对自主权利的捍卫。

1965 年,通过 *Griswold v. Connecticut* 案[21],"隐私权"一词被注入了自主权的内容。在 *Griswold* 案中,联邦最高法院宣布禁止使用和散发避孕工具的州法违宪。[22]康涅狄格州的法律规定:"禁止任何人以避孕为目的使用药物、医药产品或者工具,违者将处以五十美元以上的罚款,或者六十天以上一年以下的监禁,或者并处罚款与监禁。"[23]这一立法还将那些协助、唆使、建议他人违反该法律的行为视为犯罪。[24]

该案涉及一项刑事指控,针对的是 Estelle Griswold,康涅狄克州计划生育协会的执行董事;还有一名医生,他于 1961 年的 11 月 1 日至 10 日公开经营一家计划生育诊所。他们因向已婚妇女提供避孕用具而被起诉。[25]

联邦最高院在道格拉斯主笔的判决意见中,认为隐私权是基础性权利。[26]道格拉斯认为隐私权内含于权利法案中的许多特定条款里,例如第一、三、四、五条。道格拉斯宣称:

> 诸多司法先例暗示着权利法案中的特别保障有其晕晖(penumbras),它是由特别保障

所放射出来的,又给了特别保障以生命和内容。各种保障创造出了隐私区域……在隐私权和休息权这样的处于晕晖范围的权利之上,我们有着非常多的争议。这些案件验证着此处迫切要求确认的隐私权是具有合法性的。[27]

接着,道格拉斯判定康涅狄格州法律禁止已婚夫妇使用避孕工具是对隐私权利的侵犯。[28]道格拉斯称:"难道我们允许警察根据告密者称夫妇在使用避孕药,就有权搜查夫妇居室这一神圣领域?允许警察这样做的观点和婚姻关系的隐私理念格格不入。"[29]

道格拉斯并没有关注避孕的权利,或选择是否生育的权利,注意到这一点有趣且重要。更为确切的是,道格拉斯关注的是保护居室隐私不被警察侵入的需要,以及控制避孕药使用信息的能力。一直要到下文讨论的新近案件中,联邦最高法院才明白无误地将避孕措施作为生育自主权利的一部分。

在随后的案件当中,联邦最高法院表明隐私权利由第五修正案、第十四修正案的正当程序条款来保障。例如,在 Roe v. Wade 案[30]中,布莱克门大法官在回顾了早期关于家庭及生育自主权的案件之后,代表法庭裁定:

> 隐私权,不论其成立的基础是第十四修正案中个人自由理念,并且州政府的行为要受其约束,正如我们所觉得那样……还是第九修正案中人民所保留的权利,其广泛性足以涵盖妇女自行决定是否终止妊娠的权利。[31]

值得注意的是,法院并没有像道格拉斯在 Griswold 案中那样在《人权法案》的晕晖中发现隐私权利,而是将其作为正当权利条款保障下的部分自由。

在 Lawrence v. Texas 案[32]中,最高法院援引隐私权

保障私下相互同意进行的同性性行为的权利。肯尼迪大法官代表法院宣称:

> 对我们而言,认识到这一点就足够了:成年人也许会选择在家庭、私人生活中从事这种性爱关系,并仍然保有作为自由人的尊严。在与另一个人进行亲密行为时,性得到了明显表达,这种行为可以只是私人纽带中更具持久性的要素之一。宪法所保障的自由容许同性恋者有权利进行这种选择。[33]

在宪法当中,隐私权还有第三种不同的运用方式:保障个人能够拥有控制与自身有关的信息传播的能力。这当然是"隐私权"这一词语的常见用法。Alan Westin 在一本关于隐私权的权威著作中,着重论述了我们每个人生活中的信息。他将其比喻为环环相套的圆圈。最里面圆圈涵盖我们自身的事务,不会告诉任何人。第二靠里的圆圈里包括的事务,仅仅为那些我们最为熟悉的人所知晓。圆圈不断延伸,直至其中的事务广为人知。[34]

例如,《联邦隐私法》(Federal Privacy Act)这类处理隐私权的制定法就是关于信息隐私的。《联邦隐私法》涉及联邦政府行政部门的信息获取,它普遍禁止"未经对方同意,披露从受保护的记录中检索的任何信息"。[35]更具体地说,隐私法案适用于"关于个人"[36]的信息,它存储于记录系统中,"处于任何专门机构的控制之中,其中信息的检索是以个人的姓名或某些可识别的数字、符号或其他个人标识为依据"。[37]

在侵权法中,公开披露私事的侵权行为集中于信息隐私之上。公开披露私事的侵权行为,是一种侵犯隐私权的行为,存在于公开"不为公众所合法关注(not of legitimate concern to the public)"的非公共性的信息,并且理性的人会被公开发表所冒犯。[38]与诽谤不同,诽谤的信息是不真实的,撤回它很可能会减轻对名声的伤害。公开披露私事的侵权行为公开的是真实的信息,公开存在之始,伤害便已产生。

不幸的是,使用隐私权一词来表达三种如此迥异的概念产生了不良后果。它常常让人困惑,甚至法院也不能例外。Solove 教授于近期宣称:

> 隐私权这一概念处于一片混乱之中。没有人能够清楚说明它意味着什么。正如一位评论家所说的,隐私权苦于"含义的尴尬"(an embarrassment of meanings)。隐私权这一概念太过于抽象,不能够在判决和立法时提供指导,因为当相抗衡的利益为人们所主张时,隐私权重要性的抽象符咒,在与更为具体的问题相斗争时是不会顺遂人意的。[39]

可以将 *Griswold v. Connecticut* 案视为是这个困惑

的例证之一。就自主权角度而言,使用避孕工具显而易见与隐私权相关:他或她控管自己、决定是否为人父母的权利。但是道格拉斯大法官的意见完全没有暗示过这种自主利益的存在,而是整个将注意力集中于在夫妻卧室寻找使用过避孕工具的迹象之上。对侵入的关注是定位错误,因为该案根本不涉及于此,并没有任何人的卧室或房屋被搜查。该案涉及的是一名医生和一名计划生育诊所的负责人,他们被指控散发避孕泡沫的样品。[40] Griswold 案为联邦最高法院保障隐私权提供了并不牢靠的根基,因为法院对涉及其中隐私权益的性质辨认不清。

不仅如此,第四修正案作为保护隐私权的途径,基于是否存在"对隐私权的合理期待",这也带来严重的问题。只要让民众在事先知悉不要有任何期待,似乎政府就能够拒绝承认隐私权利了。

由于对自主性隐私存在巨大争议,所以我还担心联邦最高法院不能够拓展任何宪法层面的隐私权保障。正如下文我们将要说明的,到目前为止,我们还没有对信息隐私提供司法上的保障。但是我认为法院不太可能去拓展信息隐私权的保护,因为宪法对自主性隐私的保护是如此聚讼纷纭。甚至于一些自由派的学者都称针对自主的司法保障是误入歧途。例如,在最近的一部著作当中,Kermit Roosevelt 教授宣称:"有观点认为,处理案件时法官应根据正当权利条款决定一项权利是否是根本的,这是坏的政策,坏的法律。"[41]简而言之,由于受到株连,现在任何层面的隐私权利都蒙上了罪恶感,这使得其他层面的隐私权获得保障的可能性极低。

二、信息隐私权保护的失败

在沃伦和布兰代斯的名作中,他们竭力主张侵权法为公开私人事务提供防护,关注点完全集中于信息隐私之上。具有讽刺意味的是,这一方面的隐私最少受到宪法保护。依据第四修正案,联邦最高法院制定了详尽的规则防止侵入隐私。自主性隐私权利在判决中到保障,受到维护的权利包括自主结婚的权利[42]、生育的权利[43]、监护子女的权利[44]、保持家庭和睦的权利[45]、教育儿女的权利[46]、购买及使用避孕用具的权利[47]、私下进行自愿同性恋行为的权利[48]以及拒绝药物治疗的权利[49]。

但到目前为止,我们还没有对信息隐私提供宪法上的保障。联邦最高法院在好几个场合都考虑过信息隐私问题,依据的是正当权利条款以及宪法第一修正案。这两个领域中信息隐私都没有得到联邦最高法院赞同式回应。

就正当程序而言,*Whalen v. Roe*[50]案是联邦最高法院最早与信息支配宪法保护有关的案件。该案涉及一项纽约州的立法,它要求医生提供病人授受处方药的确认报告,这些药物具有被滥用的可能性。[51]州设立集中式计算机,不仅仅将开具处方的医生身份记录在案,而且还记录了病人的姓名以及地址。[52]提出异议的人们辩称这一数据库侵犯了隐私权,因为个人拥有权利防止个人事务被披露。[53]

然而最高法院拒绝了这种隐私权论据。法院指出,立法为因故意或过失而未能保持适度安全的卫生部门职员设置了法律责任。[54]监测可能滥用的处方药对州而言具有重要的利益。法院宣称:

> 通常而言,对医生、医院职员(hospital personnel)、保险公司、公共卫生机构披露个人医疗信息是现代医学实践的重要内容,甚至当这种公开反映出病人个性上的缺陷时也是如此。需要向承担州公众健康职责的各类代表(representatives)披露这些信息,并不必然成为对隐私权非法的侵犯。[55]

信息支配在将来也许会被确认在隐私权利之内,联邦最高法院没有否认这一可能性。史蒂文斯大法官在多数意见中宣称:

> 我们并非不知道以计算机化数据库或其他政府档案广泛搜集的个人信息对个人隐私所造成的侵害。课税、社会福利的发放、公共卫生的监督、军队的指挥以及刑法的执行皆须有秩序地保存大量数据,其中多数属于个人性质,一旦公开,将会令人难堪或有害无益。[56]

然而,史蒂文斯大法官称,Whalen 案并没有提出这样的争议点:

> 因而,我们没有必要也不会对可能呈交的事项进行裁决,如非法披露集中的个人数据是有意或无意的,或系统没有包括相应的保密规定。我们仅裁定这一记录并不构成对第十四

修正案所保障的任何权利与自由的侵犯。[57]

联邦最高法院还支持了其他领域的报告义务,尽管它们给隐私权带来风险。例如,在 *California Bankers Ass'n v. Schultz* 案[58]中,最高法院维护了1970年《银行保密法》(Bank Secrecy Act)的合宪性,该法要求各银行保存金融交易的记录,并报告特定的国内外交易。[59]联邦最高法院拒绝了基于第四修正案[60]、第五修正案[61]提起的诉讼请求,并且裁定这一立法是合宪的,因为政府需要监控金融交易,避免欺诈行为的发生。[62]

因此,虽然有着充足的论据称宪法应理解为对管控信息提供保护,但从联邦最高法院那里得到对这一权利的支持几近于无。事实上,哥伦比亚特区联邦上诉法院甚至宣称"对是否存在禁止披露个人信息这一宪法上的隐私权利表示严重怀疑"。[63]

联邦最高法院考虑信息隐私权的另外一个语境,涉及第一修正案对公开披露私事侵权责任的挑战。在这里也一样,联邦最高法院始终坚持作出对信息隐私权不利的判决。在 *Cox Broadcasting Corp. v. Cohn* 案[64]中,一名广播电台记者获取并报道了性犯罪受害人的姓名,这一讯息是从公之于众的法院记录得到的。[65]佐治亚州的法律禁止公开性犯罪受害人的身份。[66]被奸杀女孩的父亲以侵犯隐私权而提起诉讼。[67]最高法院宣称第一修正案免除了被告责任(barred liability),因为信息是从法院记录合法获得的,而且是属实报道。[68]法院强调第一修正案保护信息公开,"从公共记录中获取——更确切地说是从法院记录中,这些保存的信息与公诉人相关,并且它们本身就接受公众监督"。[69]

在 *Smith v. Daily Mail Publishing* 案[70]中,最高法院遵从了同样的推理宣告州法违宪,该州法禁止公布刑事诉讼中被告之一的儿童姓名。[71]法院遵循 *Cox Broadcasting* 案,称"如果报纸合法获取具有公共意义事务的真实消息,那么在没有需要促进的州最高利益情况之下,其政府官员对公开信息进行惩处就可能违反宪法"。[72] 同样,在 Oklahoma Publishing Co. v. District Court 案[73]中,联邦最高法院宣布联邦地区法院的一项命令违反宪法,该命令禁止公布一名未成年人的姓名和照片,而这些都是从法院诉讼中合法获取的。[74] 最高法院发现 Cox Broadcasting 案的约束力,称"从法院诉讼中获取的信息事实上是向公众开放的,第一、第十四修正案不会允许州法院禁止公开这类广为流传的信息"。[75]

在 Florida Star v. B. J. F. 案[76]中,联邦最高法院应用 Cox Broadcasting 案以及 Smith 案的判决理由,裁定在如实报道从公共记录合法获取的信息时,便不会产生侵犯隐私权的赔偿责任,除非至少有州的最高利益使赔偿具有合法性。[77] 报社记者从公布的警察记录中获知性犯罪受害人的姓名。[78] 这一姓名被刊登于报纸之上,尽管佛罗里达州的法律禁止公开发表性犯罪受害者的姓名。[79] 陪审团裁定被害人获得 75000 美元的补偿性损害赔偿金和25000美元的惩罚性损害赔偿金。[80]

联邦最高法院推翻了这一裁决。[81]法院一开始便拒绝接受"按第一修正案,报道属实就不应受到惩罚"[82]的说法。法院宣称,报社如实报道通过合法渠道获得的信息,并且是具有公共意义事务,对其施加的赔偿责任只有在"最高利益"存在时才被允许。[83]联邦最高法院解释道,性犯罪受害者的姓名是通过合法渠道得到的,且如实传播。[84]法院否认了下述主张,即保护性犯罪受害人的隐私具有足够利益使赔偿责任具有合法性。[85]法院强调,佛罗里达州的法律对公布性犯罪受害人身份的行为设立赔偿责任,其缺陷包括:当信息由政府发布时,它容许设置法律责任;在设置法律责任时没有规定任何"明知"作为必要条件(scienter requirement);它仅仅应用于大众传播媒介。[86]

联邦最高法院强调本案的"裁定……(是)有限的"。[87]法院称:

> 我们不裁定,属实报道就能自动获得联邦宪法的保护,或不存在州可保护个人免遭新闻界侵犯的隐私区,或州从不可以惩罚公布性犯罪受害者的姓名。我们只裁定,新闻界发表合法获得的属实信息时,即使要对新闻界施加合法惩罚,必须精细裁剪以符合州的最高利益。[88]

人们能够指责这些判例太过于倾向保护言论自由,对隐私权的保护则显不足。有人辩称知晓性犯罪受害者的身份几乎体现不出丝毫公众利益,但却对不愿让姓名公之于众的受害人造成严重伤害。[89]不仅如此,出于对这类公开的恐惧,其他性犯罪的受害者可能灰心丧气,不会去报案了。但我们在这里所强调重点是:迄今为止,在任何情况下,联邦最高法院都没有为信息隐私权提供宪法保障。

三、需要更多地保护信息隐私权

是时候重新发现沃伦和布兰代斯的隐私权了。沃伦和布兰代斯完全不能想象的科技,那些我们在相对较短时间之前无法想象的科技,它们给信息隐私造成了前所未有的风险。[90]就此而言,有两种发展至关重要。

首先,现在有着前所未有的能力来获悉个人最为私密、最为个性的事务。例如,人类基因组计划提供了遗传分析的前景,能够查明有关个人各种各样的信息,包括他们的疾病倾向、嗜好以及个性特征。

其次,现在有着前所未有的途径获取个人信息。电脑记录和数据所储藏的信息,在某种程度上而言可以为其他人访问。互联网使它们有着让多人获取的可能性。1994年6月,我亲眼目睹了这一切。我接到一个夜线节目制作人的电话,他们正在制作一个关于隐私权的节目,邀请我作为嘉宾出席。作为节目的一个环节,他们要了我的社会保障号码,并且邀请一个资讯经纪人去看看在不到24小时的时间里,通过合法途径能够获知些什么。我对他获取的信息大吃一惊,它们包括我的房屋价值、信用记录、所属政党、离婚记录以及无数其他方面的事实。这位资讯经纪人还宣称如果他愿意采取非法途径的话,还能够获取我的税务和医疗记录。

显而易见,本文所关注的并不是那些隐私信息遭受威胁的细节。更确切地说,我的观点是,它们才是隐私法最迫切需要发展的领域。我们需要对宪法意义上的信息隐私权提供司法保障,并且通过侵权法和制定法更好地捍卫它。联邦最高法院应依据第五、第十四修正案的正当程序条款确认信息隐私这一重要的权利。侵权法和制定法应当进一步做好工作,为那些深挖私人信息的人设置法律责任。这是沃伦和布兰代斯未完成的使命,现在比以往任何时候我们都更需要意识到这一点。

注　释

[1] 参见 *The Forgotien Memoir of John Knox: A Year in the Life of A Supreme Court Clerk in Fdr's Washington* 36（David J. Garrow& Dennis J. Hutchinson eds., 2002）(描述了麦克雷诺兹严禁自己的书记员同布兰代斯大法官的书记员说话)。

[2] Samuel D. Warren & Louis D. Brandeis, The Right to Privacy, 4 *Harv. L. Rev.* 193 (1890).

[3] 参见 *Griswold v. Connecticut*, 381 U.S. 479(1965)(裁定隐私权基于权利法案的晕晖之内,包括购买和使用避孕器具的权利)。

[4] 参见 *Roe v. Wade*, 410 U.S. 113 (1973)(裁定隐私权包括妇女选择终止妊娠的权利)。

[5] 参见 *Lawrence v. Texas*, 539 U.S. 558 (2003)(裁定隐私权意味着州政府不能对成年人在私下自愿进行的同性恋行为进行处罚)。

[6] Warren & Brandeis, 同 2, 第 196 页。

[7] William L. Prosser, Privacy, 48 *Cal. L. Rev.* 383,389(1960).

[8] Solove教授持类似观点,将不同的权利描述为以下类别"信息收集"(information collection)、"信息处理"(information processing)、"信息传播"(information dissemination)和"侵入"(intrusion)。Daniel J. Solove, A Taxonomy of Privacy, 154 U. Pa. L. Rev. 477,489 (2006). Jerry Kang教授将隐私定义为包括以下三种相互交叉的观念集群:(1)物理空间("个人独处的领域范围,免于遭受不受欢迎的对象及信号的侵扰");(2)选择("个人不受侵扰作出某些重大决定的能力")以及(3)个人信息流动("个人控制自身信息的处理——例如获取、披露以及使用")。Jerry Kang, Information Privacy in Cyberspace Transactions, 50 *Stan. L. Rev.* 1193,1202-03(1998).

[9] 这一措辞被联邦最高法院频频使用。参见例如 *Samson v. California*, 126 S. Ct. 2193,2196(2006); Georgia v. Randolph, 126 S. Ct. 1515,1529(2006)(布雷耶法官的协同意见); *Kyllo v. United States*, 533 U. S. 27, 44(2001)。

[10] 277 U. S. 438 (1928).

[11] *Id.* at 455.

[12] *Id.* at 466.

[13] *Id.* at 478(布兰代斯法官的反对意见)。

[14] *Id.* at 479.

[15] 389 U. S. 347 (1967).

[16] *Id.* at 358-59.

[17] *Id.* at 353-54.

[18] 262 U. S. 390 (1923).

[19] *Id.* at 403.

[20] *Id.* at 399.对联邦最高法院保护家庭自主权判决的评论文章,参见 David D. Meyer, The Paradox of Family Privacy, 53 *Vand. L Rev.* 527 (2000)。

[21] 381 U. S. 479 (1965).

[22] *Id.* at 485.

[23] *Id.* at 480.

[24] *Id.*

[25] *Id*. at 480-81.

[26] *Id*. at 485-86.

[27] *Id*. at 484-85(省略引注)。

[28] *Id*. at 485-86.

[29] *Id*.

[30] 410 U.S. 113 (1973).

[31] *Id*. at 153.

[32] 539 U.S. 558 (2003).

[33] *Id*. at 567.

[34] 参见 Alan F. Westin, *Privacy And Freedom* 33 (1964).

[35] *Bartel v. FAA*, 725 F. 2d 1403, 1408 (D.C. Cir. 1974).

[36] 5 U.S.C. §522a(a)4.

[37] *Id*. §522a(a)5.

[38] Restatement (Second) of Torts §652D(1977).

[39] Solove,前注8,第477—478页。

[40] 参见 *Griswold v. Connecticut*, 381 U.S. 479 (1965)案。

[41] Kermit Roosevelt, III, *The Myth of Judicial Activism: Making Sense of Supreme Court Decisions* 120 (2006).

[42] 参见 *Zablocki v. Redhail*, 434 U.S. 374 (1978)案; *Loving v. Virginia*, 388 U.S. 1 (1967)案。

[43] 参见 *Skinner v. Oklahoma*, 316 U.S. 535 (1942)案。

[44] 例如,参见 *Stanley v. Illinois*, 405 U.S. 645(1972)案。

[45] 参见 *Moore v. City of East Cleveland*, 431 U.S. 494 (1977)案。

[46] 例如,参见 *Troxel v. Granville*, 530 U.S. 57(2000)案。

[47] 例如,参见 *Eisenstadt v. Baird*, 405 U.S. 438(1972)案; *Griswold v. Connecticut*, 381 U.S. 479 (1965)案。

[48] 参见 Lawrence v. Texas, 539 U.S. 558 (2003)案。

[49] 参见 Cruzan v. Dir., Mo. Dep's of Health, 497 U.S. 261 (1990)案。

[50] 429 U.S. 589 (1977).

[51] *Id.* at 593.

[52] *Id.* at 591.

[53] *Id.* at 598-99.异议者们还认为这一立法侵犯了个人作出医疗决定的权利。

[54] *Id.* at 600.

[55] *Id.* at 602.

[56] *Id.* at 605.

[57] *Id.* at 605-06.需要保护这类数据隐私的论述,请参见 Grace-Marie Mowery, A Patient's Right to Privacy in Computerized Pharmacy Records, 66 *U. Cin. L. Rev.* 697(1988)。

[58] 416 U.S. 21 (1974).

[59] *Id.* at 77-78.

[60] *Id.* at 69.

[61] *Id.* at 49.

[62] *Id.* at 76-77.

[63] *Am. Fed'n of Gov't Employees v. Dep't of Hous. & Urban Dev.*, 118 F.3d 786,791(D. C. Cir. 1997).

[64] 420 U.S. 469 (1975).

[65] *Id.* at 469.

[66] *Id*. at 471-72.

[67] *Id*. at 474.

[68] *Id*. at 496-97.

[69] *Id*. at 491.

[70] 433 U.S. 97 (1979).

[71] *Id*. at 106.

[72] *Id*. at 103.

[73] 430 U.S. 308 (1977).

[74] *Id*. at 311-12.

[75] *Id*. at 310. 还可参见 *Globe Newspaper Co. v. Superior Court*, 457 U.S. 596 (1982)案(州法完全禁止报道受害人是少数族裔的强奸案庭审判,联邦最高法院裁决其违宪)。

[76] 491 U.S. 524 (1989).

[77] *Id*. at 541.

[78] *Id*. at 526-27.

[79] *Id*. at 528.

[80] *Id*. at 527-29.

[81] *Id.* at 541.

[82] *Id.* at 532.

[83] *Id.* at 541.

[84] *Id.* at 536.

[85] *Id.* at 537.

[86] *Id.* at 538-40.

[87] *Id.* at 541.

[88] *Id.*

[89] 例如,参见 Ruth Gavison, Too Early for a Requiem: Warren and Brandeis Were Right on Privacy v. Free Speech, 43 *S. C. L. Rev.* 437,458 (1992)。

[90] 科技对个人数据保护影响的优秀论述,请参见 Paul M. Schwartz, Property, Privacy and Personal Data, 117 *Harv. L. Rev.* 2055 (2004)。

图书在版编目(CIP)数据

隐私权/(美)布兰代斯(Brandeis,L.D.)等著;宦盛奎译.—北京:北京大学出版社,2014.7
ISBN 978-7-301-24375-6

Ⅰ.①隐… Ⅱ.①布…②宦… Ⅲ.①隐私权-研究 Ⅳ.①D913.04

中国版本图书馆CIP数据核字(2014)第129878号

书　　名：隐私权
著作责任者：〔美〕路易斯·D.布兰代斯　等著　宦盛奎　译
责 任 编 辑：柯　恒　陈晓洁
标 准 书 号：ISBN 978-7-301-24375-6/D·3597
出 版 发 行：北京大学出版社
地　　　址：北京市海淀区成府路205号　100871
网　　　址：http://www.yandayuanzhao.com
新 浪 微 博：@北京大学出版社　@北大出版社燕大元照法律图书
电 子 信 箱：yandayuanzhao@163.com
电　　　话：邮购部 62752015　发行部 62750672
　　　　　　编辑部 62117788　出版部 62754962
印　刷　者：北京中科印刷有限公司
经　销　者：新华书店
　　　　　　880毫米×1230毫米　32开本　4.375印张　52千字
　　　　　　2014年7月第1版　2018年9月第2次印刷
定　　　价：25.00元

未经许可,不得以任何方式复制或抄袭本书之部分或全部内容。
版权所有,侵权必究
举报电话:010-62752024　电子信箱:fd@pup.pku.edu.cn